이경식 지음

STARTUP MAP (스타트업 맵)
고객가치 중심 아이템 발굴부터 돈 버는 비즈니스 모델 구축 방법까지!

초판 1쇄 발행	2019년 11월 11일
지은이	이경식
펴낸이	김봉윤
펴낸곳	씨이오메이커(ceomaker)
출판등록	제2013-23호
기획 및 책임편집	민보윤
디자인	이혜원, 이상준
일러스트	김다빈
교정교열	김봉수
마케팅	김다운, 장승빈, 이정민, 이사랑
주소	서울특별시 관악구 국회단지 20길 16, 101호
전화	02-877-7814
팩스	02-877-7815
이메일	ceomaker79@gmail.com
홈페이지	www.ceobooks.kr
ISBN	979-11-967018-4-0
값	16,000원

잘못된 책은 구입하신 곳에서 바꾸어 드립니다.
이 책에 실린 모든 내용, 디자인, 이미지, 편집 구성의 저작권은 도서출판 씨이오메이커와 이경식에게 있습니다.
허락 없이 복제하거나 다른 매체에 옮겨 실을 수 없습니다.

이 도서의 국립중앙도서관 출판예정도서목록(CIP)은 서지정보유통지원시스템 홈페이지(http://seoji.nl.go.kr)와
국가자료종합목록 구축시스템(http://kolis-net.nl.go.kr)에서 이용하실 수 있습니다.
(CIP제어번호 : CIP2019043952)

고객가치 중심 아이템 발굴부터 돈 버는 비즈니스 모델 구축 방법까지!

START UP MAP

왜 우수한 기술을 보유한
많은 기업이 사업에
성공하지 못했을까?

스타트업 맵

이경식 지음

차 례

프롤로그 • 9

PART 01. 세상 흐름 따라잡기 : 흐름을 알아야 기회가 보인다

1. 세상이 어떻게 변해왔는가? • 17
2. 5천만 사용자가 만들어지기까지 • 20
3. 컴퓨터가 인간의 뇌를 능가한다? • 29
4. 내 손에 슈퍼컴퓨터가 있다 • 37
5. 통신도 기가(Giga) 시대로 • 41
6. 인류의 모든 기록을 디지털화한다 • 47
7. 커제의 눈물 • 53
8. 우사인 볼트 대 리오넬 메시 • 57
9. 디지털만이 살길이다 • 62

PART 02. 고객 따라잡기 : 나의 고객은 누구인가?

1. 고객을 위한 활동, 마케팅 • 73

2. 고객은 어떻게 변해왔는가? _ 세대 차이 • 76

3. 한국의 세대변화 • 82

4. 세대만 변하는 걸까? _ 한국 가구구성의 변화 • 86

5. 고령사회 • 92

6. 디지털 네이티브 대 디지털 이미그란트 • 96

7. 디지털 네이티브는 B급 문화를 좋아한다 • 100

8. 기발한 광고들로 B급 감성을 잡는다 • 105

9. 욜로족 대 코스파족 • 110

10. 싱글족 _ 나 혼자 쓴다 • 115

11. 나의 고객은 누구인가? • 120

PART 03. 아이템 따라잡기 : 고객은 무엇을 원하는가?

1. 고객여정지도 (Customer Journey Map) • 127

2. 고객도 무엇을 원하는지 잘 모른다 • 132

3. 고객의 충족되지 못한 욕구 (Unmet Needs) • 136

4. 기술이 아니라 고객가치다 • 142

5. 고객 이해하기 _ 고객 페르소나 • 148

6. 고객 관찰하기 _ 고객여정지도 • 152

7. 고객 분석하기 _ 밸류 프로포지션 디자인 • 155

8. 고객카드 만들기 • 159

PART 04. 비즈니스 모델 따라잡기 : 어떻게 돈을 벌 것인가?

1. 소유경제에서 공유경제로 • 165

2. 경쟁자를 알고 있는가? _ 시장 파괴자 • 174

3. 확실한 목표시장(Target Market)을 찾자 • 179

4. 빼고, 줄이고, 늘리고, 새롭게 _ ERRC 전략 • 183

5. 사업모델(Business model) 만들기 • 187

6. 남과 다른 나만의 색깔은? _ POD, POP • 195

7. 어떻게 알릴 것인가? • 199

8. 나만의 이미지 만들기 _ Brand 전략 • 204

PART 05. 창업 따라잡기 : 사업계획서 작성

1. 창업이란? • 211

2. 창업 절차는? • 216

3. 정부의 다양한 지원사업 • 222

4. 사업계획서란? • 226

5. 사업계획서 작성하기 • 231

에필로그 • 243

별첨 1. 창업 사업화 표준사업계획서 양식 (예비창업패키지) • 245

별첨 2. 창업에 도움되는 사이트 • 256

별첨 3. 참고문헌 • 259

PROLOG

프롤로그

　이 글을 쓰고 있을 때 폴란드에서는 2019 U-20 월드컵 경기가 한창 열리고 있었다. 대한민국 대표팀은 초반 부진을 극복하고 시합을 거듭할수록 향상된 경기력을 선보이며, 죽음의 조라 불리었던 F조에서 남아프리카 공화국과 아르헨티나를 꺾고 16강에 진출하였다. 게다가 16강에서 일본, 8강에서 세네갈, 4강에서 에콰도르를 연이어 격파하고, 사상 최초로 결승전까지 진출하였다. 아쉽게도 결승전에서 우크라이나에 3대 1로 지기는 했지만, 20세 이하의 어린 국가대표 선수들이 먼 이국땅에서 정말로 잘 싸워주었고, 예상을 뛰어넘은 선전에 많은 국민들은 새벽잠을 설쳐가며 이들을 응원하였다.

　이 대회에서 가장 돋보였던 선수는 골든볼을 수상한 이강인 선수였다. 나는 이강인 선수의 실력보다 그가 가지고 있는 캐릭터에 더 많은 관심이 갔다. 이강인 선수는 20세 이하 월드컵대표팀에서 '막내형'이라는 별명을 가지고 있는데, 비록 나이는 선수 중 가장 어렸지만, 실력만큼은 그 어느 선수보다 뛰어나고 팀에 있는 형들도 이를 인정하여 붙여준 별명이라고 한다. 사실 이 부분은 선후배 관계가 확실하고 수직적 문화가 강했던 이전 국가대표팀에서는 쉽게 접할 수 있는 사례는 아니다.(최근 축구 국가대표팀도 많은 변화가 있었다고 하지만 이번 20세 이하 월드컵대표팀 선수들만큼 자유롭지는 않았다.) 이렇듯 나이에 연연하지 않고 실력 하나만으로 서로를 대하고 인정하는 신세대들이야말로 우리가 눈여겨보아야 할 중요한 시대적 특징이며, 이는 본문에서도 상당 부분 다루어질 주제다.

또 하나 이강인 선수의 당돌함을 엿볼 수 있는 대목은 여러 인터뷰 내용을 통해 알 수 있다. 먼저 U-20 월드컵 출전하기에 앞서 진행된 KBS와의 인터뷰에서 월드컵의 목표가 무엇이냐는 질문에 "꼭 우승했으면 좋겠어요."라고 하였고, 팬들에게 듣고 싶은 한마디가 무엇이냐는 질문에도 "월드컵 우승해라!"라고 하면 힘이 날 것 같다며 우승에 대한 집념을 거침없이 내비쳤다.(대부분의 언론이나 축구 팬들은 포르투갈, 아르헨티나가 포진한 죽음의 F조에서 16강만 진출해도 기적이라는 생각을 했었다.) 16강 일본전을 하루 앞두고는 "동료, 관중, 팬들 모두 애국가를 크게 불러줬으면 좋겠다."는 부탁을 했으며, 경기 전 왜 그렇게 애국가를 크게 부르냐는 질문에는 "포르투갈전에서 상대 선수들이 국가를 크게 부르더라. 그런 데서 기선제압이 되면 안 된다고 생각해 나도 크게 부른다."라고 말했다.

'티 타임즈T Times'라는 인터넷 매체에서는 "몸 부서져라 뛴 박지성, 저돌적인 손흥민, 당돌한 이강인"이라는 제목으로 세 선수 간 성장 과정, 축구에 대한 자세, 축구 스타일 등을 세대 차이와 비교한 재미있는 기사를 내놓았다. 1981년생 박지성 선수가 X세대로 늘 과묵하고 솔선수범하는 모습으로 후배들을 이끌었다면, 1992년생 손흥민 선수는 밀레니얼 세대로 자신을 드러내는데 스스럼없고, SNS로 팬들과의 소통에 적극적이다. 플레이 스타일도 박지성 선수가 이타적이고 수비 지향적이라면 손흥민 선수는 저돌적이고 욕심이 많은 스타일이라고 얘기하고 있다. 2001년생 이강인 선수는 Z세대로 칭하고 U-20 대표팀 내에서 형들과 스스럼없이 지내면서도 자신의 요구사항을 당당히 말하는 당돌한 스타일을 강조한다. 이는 U-20 월드컵 결승전 직후 소감을 묻는 인터뷰에서 "뭐 하러 울어요. 열심히 뛰었고, 최선을 다했기 때문에 저는 후회 안 합니다." 라고 했던 Z세대다운 당찬 모습에서도 잘 나타나고 있다.

이렇듯 십 년 터울인 세 선수가 보여주는 많은 차이점은 이 선수들에게만 국한된 것은 아니다. 어느 시대에서나 세대 차이라는 말이 회자되었듯이 한 시대에 여러 세대로 구성되는 사회에서 나타나는 세대 간의 변화는 늘 연구의 대상이 되었다. 특히 경제적 관점에서 기업들에는 이러한 세대 간 변화의 흐름을 이해하는 것이 사업을 운영하는 데 있어 점점 중요한 요소가 되고 있다.

2005년 TV 상품기획 업무를 맡으면서 기술을 강조했던 기존의 프로세스 틀을 깨고, 고객이 필요로 하는 가치를 발굴하는 새로운 개념의 상품기획 기법을 적용하였다. 그렇게 탄생한 것이 2006년 '보르도 TV'였다. 이 상품이 시장에서 큰 성공을 거두면서 고객가치에 대한 중요성을 새삼 인지하게 되었으며, 이후 고객 관점에서 고객이 원하는 가치를 발굴하기 위한 업무 프로세스가 정착되었다.

이 책은 5개의 PART로 구성되어 있다. 첫 번째 PART에서는 인류 역사 이래로 어떤 변화를 거쳐 현재에 이르게 되었는지에 대한 포괄적인 변화의 흐름을 살펴본다. 이를 바탕으로 1차 산업혁명 이후 혁신적인 변화를 가져온 주요 요인이 무엇이며, 이러한 혁신적 변화는 우리에게 어떤 영향을 미치게 되었는지 다양한 사례를 통해 이해함으로써 이미 4차 산업혁명 시대로 진입해 있는 현시점에서 우리가 준비해야 할 것이 무엇인지 살펴볼 것이다.

두 번째 PART에서는 이러한 변화의 흐름 속에서 "나의 고객은 누구인가?"라는 질문에 대한 답을 찾기 위해 고객이 어떻게 변해 왔으며, 특히 현시점에서 고객은 어떤 특성을 나타내고 있는지에 대해 살펴볼 것이다. 최근 많이 회자되고 있는 X, Y, Z세대를 비롯하여, 디지털 네이티브Digital Native, 욜로족, 코스파족, 싱글족 등 다양한 고객층에 대한 이해를 통해 내가 목표로 하는 고객층이 누구인지 살펴보자.

세 번째 PART에서는 목표로 선정한 고객이 "무엇을 원하는가?"를 파악하기 위한 방법론에 대해 설명한다. 고객여정지도를 통해 고객의 행동을 관찰하고, 여기서 고객의 접점Contact Point을 확인하며, 이들이 느끼는 불편한 점Pain Point을 찾아내, 고객이 공감하는 가치로 만들어 가는 과정을 살펴본다. 이를 통해 타깃 고객에 대한 페르소나, 여정지도, 밸류 프로포지션으로 구성된 고객카드를 만들어

볼 것이다.

네 번째 PART에서는 발굴한 사업 아이템으로 "어떻게 돈을 벌 것인가?"에 대한 해답을 찾아본다. 시장분석을 통해 목표로 하는 시장을 찾고, 경쟁력을 확보하기 위한 나만의 색깔이 담긴 사업모델Business Model을 발굴하며, 이를 어떻게 시장에 진출시킬지에 관해 같이 고민해 볼 것이다.

마지막 PART에서는 이렇게 만들어진 사업모델을 가지고 창업을 하려는 독자들을 위해 창업의 개념을 이해하고, 우리나라에서는 어떤 창업 절차를 거쳐야 하는지, 창업을 지원하는 정부 사업에는 어떤 것들이 있는지, 사업계획서는 어떻게 작성하는지에 대해 알아볼 것이다.

많은 사람이 세상이 너무 빨리 변하고 있다며 우려 섞인 목소리를 내고 있다. 더군다나 최근 들어 4차 산업혁명이 모든 분야에서 핫 이슈가 되면서 앞으로 다가올 또 다른 변화의 물결을 어떻게 대처해야 할지 고민하는 사람들이 늘고 있다. 하지만 이러한 변화는 인류 역사 이래로 끊임없이 일어나고 있는 현상이며, 앞으로는 지금보다 더 빠른 속도로 진행될 것이다.

새로운 기회는 무언가 변화가 일어나는 과정에서 찾을 수 있다. 변화의 흐름을 잘 읽고 그 흐름 속에서 새로운 기회를 찾아내며, 이를 발전시켜 성공적인 사업으로 성장시켜나갈 수 있는 절호의 찬스인 것이다. 이 책을 통해 자신만의 기회를 찾는데 도움이 되길 바란다.

PART
01

세상 흐름 따라잡기

흐름을 알아야 기회가 보인다

"

영국의 역사가이자 문명평론가인

아놀드 토인비Arnold Joseph Toynbee는

그의 저서 '역사의 연구Study of History'에서

"인류의 역사는 도전과 응전의 역사다."라며

인류의 문명이 탄생하고 멸망하는 과정을

'도전과 응전'이라는 구도로 설명했다.

인류는 수많은 환경 변화의 도전에 대응하여

이를 극복할 수 있는 새로운 문명을 개척하는

흐름을 오늘날까지 이어오고 있다.

이러한 과거의 흐름을 되돌아보면

현재의 상황을 이해하고

다가올 미래를 예측하는데 많은 도움이 될 것이다.

"

01

세상이 어떻게
변해왔는가?

　유구한 인류 역사 속에서 크고 작은 수많은 변화가 일어났다. 그중에서도 정치, 경제, 사회, 문화 등 모든 분야에 걸쳐 혁명적 변화를 가져온 3대 혁명을 미국의 미래학자 앨빈 토플러Alvin Toffler는 '제3의 물결The Third Wave'에서 제1의 물결을 농업혁명, 제2의 물결을 산업혁명, 제3의 물결을 정보혁명으로 설명하고 있다.

　채집경제에서 자급자족이 가능한 생산경제로의 획기적인 변화를 가져왔으며, 이로 인해 유목 생활을 정리하고 한곳에 정착하여 모여 사는 사회 구조적 변화도 일어나는 등 인류 최초의 혁명적 변화가 일어난 것이 농업혁명이다. 또한 농업과 수공업 위주의 경제에서 공업과 기계를 사용하는 제조업 중심 경제로 바뀐 것이 산업

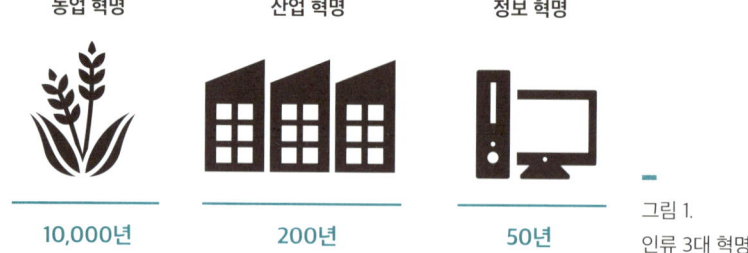

그림 1.
인류 3대 혁명

혁명이다. 이 시기에는 많은 자본가와 기업이 생겨났고 자유시장 체제로의 변환이 이루어졌다. 여러 혁명을 통해 귀족과 지주 중심의 봉건제가 무너지고, 신흥 부르주아Bourgeois 계급으로 떠오른 자본가들의 활약으로 성년남성들에게 참정권을 부여하는 등 정치적, 사회적 제도개혁이 이루어졌던 것도 산업혁명 시기였다.

　20세기 말 시작된 정보혁명은 이전의 농업혁명이나 산업혁명과는 비교할 수 없을 정도로 빠른 속도로 진행되었으며, 우리의 삶을 완전히 바꿔놓았다. 미국의 사회학자 다니엘 벨Daniel Bell이 1973년 쓴 '탈산업사회의 도래The Coming of Post-Industrial Society'에서 대량생산을 위해 기계에 에너지를 가하는 산업사회 이후에는 지식과 정보를 생산하고 서비스가 증가하는 탈 산업사회가 올 것이라며 정보화 시대를 예견하였다. 가정, 사무실, 공장 등 거의 모든 분야에서 사람이 수작업으로 하던 많은 일들을 컴퓨터가 자동으로 처리하게 되고, 이로 인해 엄청나게 빠른 혁신적 변화가 일어났다. 이러한 변화는 디지털Digital 기술에 기반한 컴퓨터, 통신기술의 혁신적인 발전이 있었기에 가능한 것이었다.

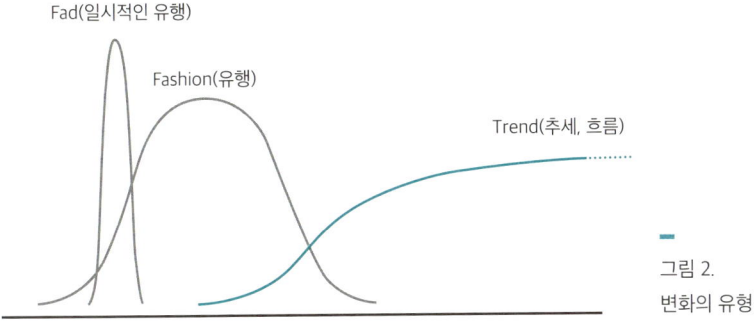

그림 2.
변화의 유형

　세상의 흐름을 이해하는 데 있어 주목해야 할 점은 변화의 내용도 중요하지만 이에 못지않게 '변화의 속도'도 눈여겨 봐야한다는 점이다. 만여 년 이어온 농경시대와 비교해 볼 때 산업화 시대는 200여 년 이어져 오다 정보화 시대로 바뀌게 되었고, 정보화 시대 또한 50여 년 밖에 되지 않은 현시점에서 4차 산업혁명이라는 또 다른 새로운 변화를 눈앞에 두고 있기 때문이다.

　그림 2에서 보는 바와 같이 변화를 의미하는 말들은 시간의 흐름에 따라 한때 반짝 유행하는 '패드Fad', 특정 시기에 많은 사람에게 퍼져나가는 '패션Fashion', 한 시대의 흐름을 특징 지을 수 있는 '트렌드Trend' 등으로 나눌 수 있다. 여기서는 정치, 경제, 사회적으로 커다란 변화를 가져왔던 트렌드를 중심으로 세상의 변화를 살펴보고자 한다.

5천만 사용자가
만들어지기까지

시대의 변화를 가져오는 데 있어서 과학기술의 발전을 빼놓을 수 없지만, 하나의 기술 혁신 그 자체만으로 역사의 변화에 영향을 미치기는 어려울 것이다. 기술 혁신을 상용화하는데 성공하여 확대 적용할 수 있느냐 하는 것과, 그러한 확대 적용을 가능케 하는 다른 기술 혁신들도 계속적으로 병행 발전되어야 한다는 점 또한 중요하다. 창업자가 명심해야 할 점이 바로 이 부분이다. 즉 아무리 뛰어난 기술이라 하더라도 이를 상용화하여 확대해 나가지 못하면, 다시 말해 그 기술을 사용하는 소비자들을 폭넓게 확보하지 못한다면 그 기술의 우수성은 상징적인 의미에 불과하다.

그림 3은 산업혁명 이후 250여 년 동안 상용화에 성공한 대표적

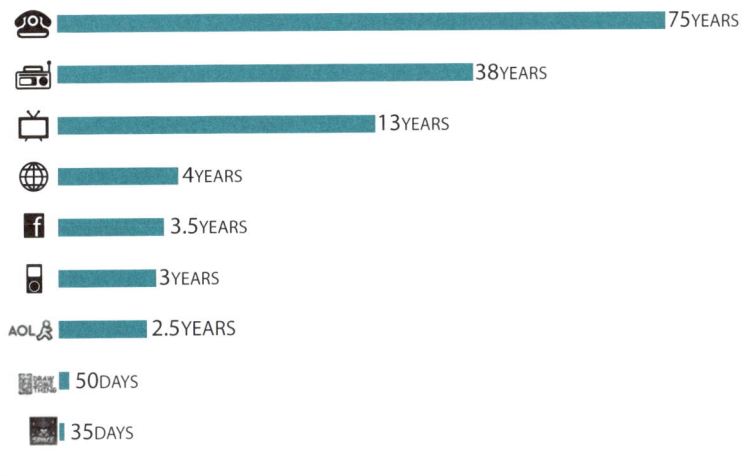

그림 3. 5천만 사용자 도달시간 비교 (출처: G. Kofi Annan / gkofiannan.com)

혁신기술들이 얼마나 빠른 속도로 확대되었는지를 알기 위해 5천만 사용자에 도달하기까지 걸린 시간을 비교 분석한 것이다. 이 그림에서 보는 바와 같이 전화기가 5천만 사용자를 확보하는데 75년이 걸린 반면, 인터넷 사용자는 4년밖에 걸리지 않았다. 한때 엄청난 인기를 끌었던 앵그리 버드Angry Bird 게임은 불과 35일밖에 걸리지 않았다. 여기에 나온 혁신기술들이 어떻게 개발되어 세상에 나오게 되었는지 좀 더 자세히 살펴보자.

먼저 일상생활에서 가장 많이 사용되고 있는 전화기를 보자. 1877년 미국 과학자 그레이엄 벨Alexander Graham Bell이 영구자석을 사용한 전화를 제작하는데 성공하면서 전화기가 세상에 나왔다. 여기서 재미있는 사실 하나는 전화기 발명가 하면 그레이엄 벨이 떠

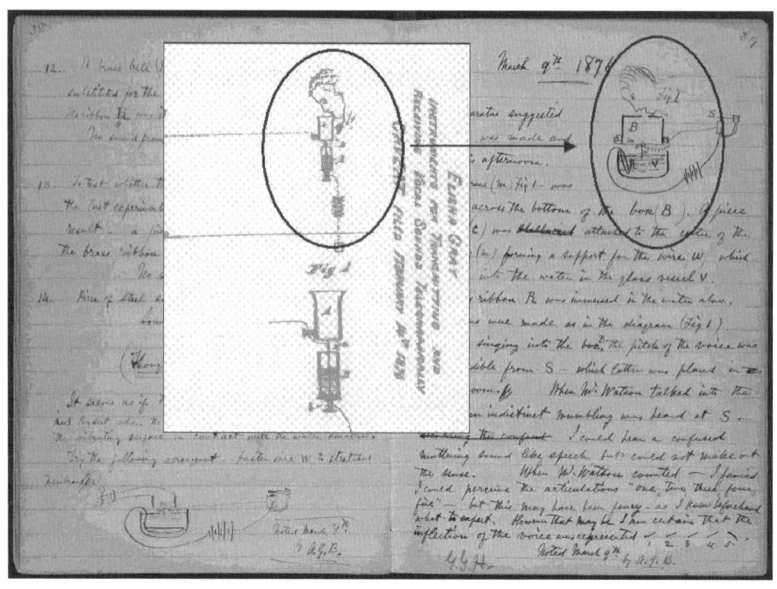

그림 4. 그레이 벨 노트와 엘리샤 그레이 특허에 있는 전화 발명내용 비교
(출처: https://commons.wikimedia.org/wiki/File:Bell-gray-smoking-gun.png#/media/File:Bell-gray-smoking-gun.png)

오르는 것은 그가 최초로 전화기 관련 특허를 획득했기 때문이라는 것이다. 이는 1876년 2월 14일 미국 특허 사무국에 전화기 특허를 신청한 미국 발명가 엘리샤 그레이 Elisha Gray 보다 불과 2시간 먼저 그레이엄 벨이 신청한 특허가 특허 사무국으로부터 인정받아 특허권을 가질 수 있었다.

또 하나 재미있는 것은 세계 최초로 전화기를 발명한 사람은 이 두 사람도 아닌 이탈리아 발명가 안토니오 무치 Antonio Meucci 라는 것이다. 그는 기계식 전화기를 발명하고 특허 신청을 하였지만 특허권을 얻는데 필요한 자금이 부족하여 1871년 일시적인 특허를 획득하고 매년 갱신을 해야 했으며, 마지막에 갱신한 연도가 1873년이었다고 한다. 이후 그레이엄 벨이 1876년 특허를 취득하였고 무치는 즉시 제소하였지만 패소하여 특허권을 얻지 못했다. 그나마 다행인 것은 2002년 6월 미국 의회로부터 공식적으로 최초의 전화 발명자로 인정받았다.

아무리 좋은 기술이라도 순간의 타이밍을 놓쳐 특허권을 획득하지 못한다면 이렇듯 엄청난 결과를 가져온다는 사실을 일깨워주는 사례이다.

1877년 영구자석을 사용한 전화기가 제작되고 같은 해 5월, 5개 은행이 가입한 세계 최초의 교환국이 설립되면서 전화기는 상용화되었다. 5만여 명의 사용자가 가정에서 전화기를 사용하게 되는데 3여 년의 시간이 걸렸다. 이후 5천만 사용자를 확보하기까지는 75년이라는 시간이 필요했다.

우리가 많이 써왔던 라디오는 어떠했을까? 전화기가 유선으로 최초 음성을 전달하였다면, 라디오는 무선으로 음성을 전달한 기술이다. 1888년 헤르츠Heinrich Rudolf Hertz가 처음으로 전자기파를 발견하고, 1897년 마르코니Guglielmo Marconi가 모스부호를 이용한 무선 전신을 발명하면서 장거리 무선통신의 기초를 만들었다. 여기서도 전화기에 있어 벨과 무치 사이에 얽힌 이야기와 유사한 에피소드가 있다. 사실 마르코니보다 먼저 무선통신의 실용화에 성공한 사람은 미국 발명가 니콜라 테슬라Nikola Tesla이지만, 마르코니가 테슬

라보다 더 빨리 무선전신회사를 설립해 성공을 거두면서 테슬라는 빛을 보지 못하게 되었다. 1943년 미국 대법원은 테슬라가 마르코니보다 먼저 무선통신을 발명했다고 인정했지만, 이 또한 전화기 경우와 마찬가지로 상징적 의미에 불과한 결과이다. 새로운 기술을 개발하였다 하더라도 이를 사업으로 연계시키지 못하면 주도권을 놓칠 수 있다는 점에서 이 사례 또한 우리에게 시사하는 바는 매우 크다.

이후 1901년 전파에 음성을 전달하는 기술을 개발한 캐나다 출신 무선공학자 레지널드 페선던 Reginald Fessenden은 1906년 12월 24일 진폭변조 AM[1]를 이용해 세계 최초로 라디오 방송을 진행하였다. 1920년 1월 미국 기업 웨스팅하우스 Wstinghouse는 피츠버그 Pittsburg에 세계 최초의 라디오 정규 방송국 케이디케이에이 KDKA를 개국하고, 그 해 11월 미국에서 열린 제29대 대통령 선거 개표방송을 진행하면서 본격적인 라디오 시대를 이끌게 되었다. 그후 많은 기업들이 라디오 수신기를 생산하며 라디오 방송의 대중화가 시작되었다. 우리나라의 경우 1926년 11월 30일 설립된 경성방송국에서 이듬해 2월 16일 첫 방송을 개시하면서 라디오 시대의 막을 열었고, 이러한 대중화 과정을 거쳐 라디오가 5천만 사용자를 확보하는데 38년의 세월이 걸렸다.

사람의 음성을 유, 무선으로 전달하는 기술이 발명되었다면 당연히 다음 단계는 눈에 보이는 영상을 전달하는 기술이 나왔을 것

1 | AM : Amplitude Modulation

이고 그것이 바로 텔레비전Television이다. 지금도 많이 사용되고 있는 텔레비전이라는 단어는 원거리를 뜻하는 그리스어 텔레τηλε와 보는 것을 뜻하는 라틴어 비시오visio가 합쳐져 만들어졌다. 즉 멀리 떨어져서도 볼 수 있게 해준다는 의미이다.

미국의 발명가 조지 로스웰 케리George Roswell Carey는 1875년 광전지Photocell를 이용한 영상전송 기술로 사물의 영상을 전기신호로 바꾸는 실험에 성공하면서 최초로 텔레비전 개념을 구현하였다. 이후 1925년 스코틀랜드 출신 존 로지 베어드John Logie Baird는 닙코프Paul Gottlieb Nipkow의 전기 망원경을 개량하여 기계식 텔레비전을 발명하고 텔레바이저Televisor라 이름 지었다. 1929년 영국의 비비시BBC는 세계 최초로 기계식 텔레비전을 이용한 방송을 시작하였다.

1897년 독일의 물리학자 카를 페르디난트 브라운Karl Ferdinand Braun은 우리에게 브라운관으로 더 잘 알려진 음극선관을 발명하였다. 1927년 미국의 발명가 필로 판즈워스Philo Farnsworth는 음극선관을 이용한 전자식 텔레비전 시제품을 발명하였으며, 이 사실이 1년 뒤 일반에 공개되면서 커다란 센세이션을 일으켰다. 미국 방송사 알시에이RCA는 1930년 러시아 출신 미국 발명가 블라디미르 코지미치 즈보리킨Владимир Козьмич Зворыкин을 고용하여 텔레비전 기술을 개발하며 판즈워스와 특허권 분쟁을 벌였다. 1939년 4월 뉴욕 세계 박람회에서 루스벨트 대통령의 연설을 텔레비전으로 내보내며 자신들의 기술을 과시하였으나, 1939년 10월 판즈워스의 특허권을 인정하고 로열티를 지불하였다. 제2차 세계대전 이후 RCA는 미국 텔레비전 사업의 80%를 점유하는 독과점 기업이 되었으며, 텔레비전의 상징과 같은 존재로 지금까지 유수한 TV 제조회사들로부터 로열티를 받고 있다. 이렇게 발전해온 텔레비전 기술은 5천만 사용자를 확보하는데 13년밖에 걸리지 않았으니, 전화기나 라디오에 비해 얼마나 빠른 속도로 확산되었는지 알 수 있다.

여기서 눈여겨 보아야 할 점은 앞에서 살펴본 벨의 전화기 특허 선점 사례, 마르코니의 무선통신 상용화 선점 사례, RCA의 텔레비전 사업 선점 사례 모두 최초 기술을 개발한 사람이나 기업보다는 그 기술에 대한 특허권을 획득하고, 상용화에 성공한 사람이나 기업이 그 사업을 확대 성장시켜 나갔다는 사실이다. 이는 아무리 우수한 기술이라 하더라도 개발에만 집중할 것이 아니라, 이에 대한 권리를 확보하고, 상용화에 성공하는 것 또한 얼마나 중요한지를 다시 한번 느낄 수 있게 해주는 대목이다.

이러한 기술발전의 속도는 기술이 디지털화되면서 더욱더 빨라진다. 그 대표적인 예로 월드 와이드 웹World Wide Web을 들 수 있다. 1989년 3월 스위스와 프랑스 사이에 위치한 유럽 입자물리연구소CERN의 소프트웨어 공학자인 팀 버너스리Tim Berners-Lee 등의 제안으로 시작되어 연구, 개발되었던 월드 와이드 웹은 원래는 세계의 여러 대학과 연구기관에서 일하는 물리학자들 상호 간의 신속한 정보교환과 공동연구를 위한 정보검색 수단으로 고안되었다. 문자나 사진, 동영상, 음성 등이 조합된 데이터베이스인 사이트의 정보를 인터넷과 하이퍼텍스트Hypertext를 결합한 열람 전용 소프트웨어인 웹 브라우저Web Browser를 통해 입수하고, 입수한 정보를 간단한 방식으로 전송하는 것도 가능하였다.

　미국 일리노이 대학교 재학생이었던 마크 안데르센Marc Lowell Andreessen은 그의 동료 에릭 비나Eric Bina와 국립 슈퍼컴퓨팅 연구소 NCSA[2]에서 근무하는 동안 팀 버너스리가 공개한 기술을 바탕으로 1993년 그래픽 인터페이스 기반의 웹 브라우저 모자이크Mosaic를 개발하였다. 그 다음 해인 1994년 내놓은 최초의 상용 웹 브라우저 넷스케이프 내비게이터Netscape Navigator가 폭발적인 인기를 끌면서 웹 브라우저는 세계적으로 대중화되었으며 5천만 사용자를 확보하는데 불과 4년여밖에 걸리지 않았다.(넷스케이프가 선풍적인 인기를 얻자 마이크로소프트는 자체 웹 브라우저인 인터넷 익스플로러를 출시하고 이를 확대하기 위해 많은 논란과 제재를 감수하며 윈도우 제품에 끼워 팔았다. 이러한 물량 공세에 결국 넷스케이프는 이를 극복하지 못하고 시상에서 사라지는 비운을 맞았다.)

　전 세계 인구의 4분의 1 이상이 사용한다는 페이스북Facebook이 5천만 명을 확보하는데도 3년 반 정도밖에 걸리지 않았다. 동영상 서비스의 일인자 유튜브Youtube는 10개월, 트위터Twitter는 9개월 정도였다. 스마트폰Smart Phone이 대중화 된 이후, 이를 기반으로 한 어플리케이션Application 서비스의 확산속도는 상상을 초월할 정도로 빨라졌다. 폭발적인 인기를 얻었던 앵그리 버드Angry Bird라는 게임 앱App은 5천만 사용자에 이르는데 35일밖에 걸리지 않았으며, 포켓몬

2 | NCSA : National Center for Super-Computing Application

고$_{Pokémon\ GO}$라는 증강현실 게임 앱은 불과 19일 만에 5천만 명 이상이 다운로드$_{Download}$ 받았다고 한다.

앞에서 인류 역사의 거시적 관점에서 혁명적 변화를 가져왔던 시대들의 흐름을 보았다면, 여기서는 과거 250여 년 동안 우리 사회에 엄청난 변화를 가져왔던 혁신적 기술들의 흐름을 살펴보았다. 공통적으로 느낄 수 있는 것은 변화의 속도가 일정하게(Linear 하게) 진행되는 것이 아니라 기하급수적으로(Exponential 하게) 빨라지고 있다는 것이며, 이를 통해 앞으로 다가올 미래의 변화 속도를 간접적으로나마 예측해 볼 수 있지 않을까 생각한다. 다음에서 다룰 좀 더 미시적 관점에서의 변화의 흐름 또한 이를 뒷받침해준다.

03

컴퓨터가
인간의 뇌를 능가한다?

정보화 시대를 이끈 컴퓨터 기술의 변화 또한 우리가 관심을 두고 봐야 할 분야 중 하나이다. 특히 컴퓨터 성능을 나타내는 연산 능력Processing Power이 어떻게 발전해 왔는지를 살펴본다면 세상의 변화, 특히 변화의 속도를 느끼는데 많은 도움이 될 것이다.

최초 컴퓨터가 등장한 이후 컴퓨터 성능은 기하급수적인 속도로 발전하였으며, 컴퓨터 성능으로 대표되는 연산 능력Processing Power이 과거 60여 년 동안 1조 배 이상 증가하였다. 과연 1조 배라는 수치가 무엇을 의미하는지 알기 위해 먼저 컴퓨터 발전 역사를 살펴보자.

컴퓨터Computer란 말은 계산한다는 뜻의 라틴어 'Computare'에서 유래된 'Compute'에서 왔으며, 본래 '수학계산을 수행하는 사람'이라는 의미로 사용되다가, '계산을 수행하는 기계'라는 뜻의 컴퓨팅 머신Computing Machine이라는 말을 대체하여 사용되었다.

고대시대에도 주판을 비롯한 계산을 돕는 많은 도구가 있었다. 중세시대에는 천체의 움직임을 예측하거나 낮과 밤의 길이를 계산하는 등 천문학 분야에서 정확한 계산을 필요로 하게 되면서, 1623년 독일의 학자 빌헬름 시카르트Wilhelm Schickard에 의해 6자리 숫자의 덧셈과 뺄셈을 할 수 있는 최초의 기계식 계산기가 발명되었다.

최초 전자식 디지털 컴퓨터는 1941년 독일의 공학자 콘라드 주제Konrad Zuse가 개발한 천공카드로 프로그래밍 할 수 있는 컴퓨터Z3, 2차대전 당시 독일의 암호를 해독하기 위해 설계된 영국의 콜로서스Colossus 등을 꼽을 수 있겠으나, 이들은 군사 목적으로 사용되면서 그 존재가 일반인들에게 오랫동안 알려지지 않았다. 이로 인해 1946년 미국에서 개발된 에니악ENIAC[3]이 최초의 전자식 컴퓨터로 알려져 왔다. 이후 1949년 최초로 2진수를 이용한 프로그램 내장방식 디지털 컴퓨터 에드삭EDSAC[4]이 나오면서 '소프트웨어Software'라는 개념을 탄생시켰다.

진공관으로 만들어진 당시 컴퓨터들은 어마어마한 공간을 차지하는 크기였다. 만8천여 개의 진공관이 들어간 에니악만 보더라도 높이 2.5m, 폭 1m, 길이 25m로 약 50평 규모의 공간을 차지했다. 무

---

3 | ENIAC : Electronic Numerical Integrator And Calculator
4 | EDSAC : Electronic Delay Storage Automatic Calculator

그림 5. 에니악
(출처: Wekimedia)

게도 27톤에 이를 정도로 엄청난 규모의 컴퓨터였다. 진공관을 자주 교체해야 했기 때문에 항상 운영 요원이 대기하고 있었다고 한다.

진공관으로 만들어졌던 대형 컴퓨터들은 트랜지스터Transistor를 거쳐, 마이크로 프로세서Micro Processor가 등장함으로써 개인도 구입하여 사용할 수 있는 개인용 컴퓨터 시대가 도래하게 되었다.

1974년 알테어8800Altair8800이 최초의 개인용 컴퓨터로 미국에서 제작되었고, 애플컴퓨터(사)는 1976년 컴퓨터 보드Computer Board 형태의 Apple I 제품을 미화 666.66 달러 가격으로 시장에 내놓았다. 사진에서 보는 바와 같이 당시 Apple I 은 완제품이 아닌 보드 형태로 판매되었으며, 키보드Key Board와 TV 등을 연결하여 사용했다. 애플의 공동 창업자인 스티브 잡스Steve Jobs와 스티브 워즈니악Steve Wozniak은 스티브 잡스의 부모님 집 차고에서 회사를 창업하여

그림 6. 스티브 잡스와 스티브 워즈니악, 그리고 Apple I 컴퓨터 (출처: Apple Inc.)

그림 7. Apple II 컴퓨터 (출처: Apple Inc.)

Apple I 컴퓨터를 개발했고, 팔로 알토Palo Alto에 있는 바이트 샵Byte Shop으로부터 첫 주문을 받게 된다. 스티브 잡스는 자신의 폭스바겐Volkswagen 차를, 스티브 워즈니악은 HP-65 계산기를 팔아 돈을 마련했고, 일부 융자받은 금액을 더해 Apple I 50대를 제작하였으며, 대당 미화 500달러에 납품하였다고 한다.

보드 형태의 Apple I 컴퓨터는 사용자가 다른 부품들을 직접 연결해야 했다. 이 문제점을 인지한 스티브 잡스는 컴퓨터 보드, 전원공급장치, 키보드를 결합하여 당시로써는 흔하지 않은 플라스틱 케이스에 베이지Beige 색을 입혀 깔끔한 디자인의 완제품 형태로 Apple II를 개발하고, 1977년 4월 미화 1,298 달러(4K RAM 기준) 가격으로 연이어 출시하였다.(지금도 어색해 보이지 않는 디자인으로 이때 이미 스티브 잡스가 사용자 친화적인 디자인에 대한 남다른 감각을 가지고 있었음을 엿볼 수 있다.)

당시로써는 꽤 비싼 판매가격(현 시세로 따지면 미화 5,000달러 이상의 가치)이었음에도 불구하고, 출시 후 2년 반 만에 5만여 대가 판매되는 공전의 히트를 쳤다.

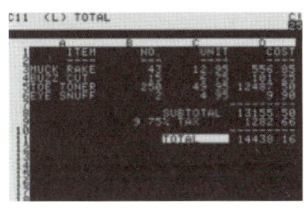

그림 8. 비지칼크 (출처: VisiCorp.)

Apple II 컴퓨터가 많이 팔릴 수 있었던 주요 요인 중 하나는 비지코프VisiCorp.에서 개발한 컴퓨터용 계산 프로그램Spreadsheet Program '비지칼크VisiCalc'의 적용이었다. 우리가 잘 알고 있는 엑셀Excel 프로그램의 원조 격인 이 프로그램이 Apple II 제품에 최초 적용되면서 그동안 간단한 게임이나 베이직 프로그래밍Basic Programming 정도로 제한되었던 활용범위가 실제 업무에 적용 가능한 사무용 솔루션으로 확대되었다. 이를 통해 애플컴퓨터(사)는 개인용 컴퓨터의 대중화를 이끌었다고 해도 과언이 아니다.

애플컴퓨터가 컴퓨터 활용 범위를 넓히며 대중화를 이끌었다면 아이비엠IBM사는 개방형 아키텍처Open Architecture 전략으로 대중화를 이끌었다. 1981년 8월 16비트 프로세서 인텔 8088 CPU가 장착된 '5150'이라는 모델 출시를 시작으로 아이비엠사는 아이비엠 퍼스널 컴퓨터IBM Personal Computer, 줄여서 아이비엠 피시IBM PC라는 브랜드로 개인용 컴퓨터 시장에 뛰어들었다. 마이크로소프트(사)의 도스DOS[5] 운영 체계를 적용하고, 컴퓨터 주변기기, 확장 카드, 소프트웨어 프로그램 등을 제3자에게 개방하면서 아이비엠 피시는 개인용 컴퓨터 시장에서 커다란 성공을 거두게 되었다. 이후 아이비엠

[5] DOS : Disk Operation System

그림 9. 아이비엠 피시
(출처: Wekimedia)

컴퓨터와 호환되는 기종과 호환되지 않는 기종으로 개인용 컴퓨터 시장은 양분되었다. 우리가 일상적으로 사용하고 있는 피시PC라는 용어도 아이비엠 호환 기종이 확대되면서 개인용 컴퓨터를 의미하는 단어로 보편화된 것이다.

초기 개인용 컴퓨터 시장 형성 과정을 통해 우리가 주목해 볼 수 있는 부분은 시장에 접근하는 방식에 있어 애플과 아이비엠 진영 간 차이가 있었다는 점이다. 즉, 애플의 경우 사용 편리성을 고려한 디자인과 컴퓨터 활용 범위를 넓히는 등 사용자 경험에 집중한 반면, 아이비엠은 개방형 전략으로 누구나 아이비엠 PC 호환 기종을 만들 수 있게 하고 개인용 컴퓨터 시장의 판을 키워나갔다. 재미있게도 이 부분은 현재 애플 아이폰iPhone과 구글 안드로이드Android 폰으로 양분되어 있는 스마트폰 시장에서도 비슷한 양상이 나타난다.

이렇듯 컴퓨터 산업이 빠르게 발전할 수 있었던 원동력은 컴퓨

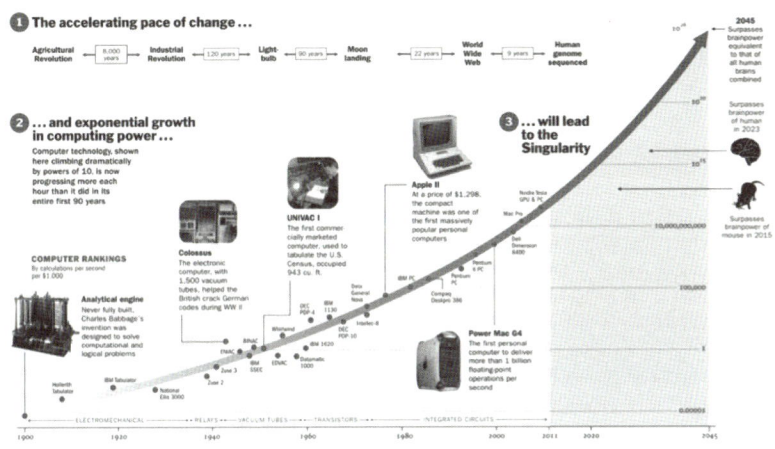

그림 10. 컴퓨터의 발전 (출처: http://img.timeinc.net/time/daily/2011/1102/singularity_graphic.jpg)

터 성능이 향상됨에도 오히려 가격은 낮출 수 있었던, 컴퓨터 관련 기술의 혁신적인 발전을 들 수 있으며, 이는 그림 10에서도 잘 보여준다.

 이 그림에서는 초당 미화 천 달러의 비용으로 계산할 수 있는 용량을 상대적으로 비교하여, 최초의 전자식 컴퓨터인 에니악을 1이라고 하였을 때, 다른 컴퓨터들의 성능이 얼마나 빠르게 발전해 왔는지를 보여준다. 1981년에 출시된 아이비엠 PC의 경우 에니악 대비 약 10만 배의 성능을 자랑하고, 애플 맥프로Apple Mac Pro의 경우 100억 배의 성능을 나타낸다. 이렇듯 기하급수적인 속도로 컴퓨터 성능이 계속 발전한다면, 2023년 컴퓨터 성능은 인간의 뇌를 능가하게 되고, 2045년에는 모든 인간들의 뇌를 합친 것보다 더 뛰어날 것으로 예상하고 있다. 이것이 60여 년 동안 1조 배 이상 컴퓨터 성능의 발전이 가져온 현실이고, 또한 앞으로 전개될 미래인 것이다.

내 손에
슈퍼컴퓨터가 있다

과거에 출시되었던 제품과 최근 출시되어 사용하고 있는 제품 간 성능을 비교해 보면 기술의 발전이 우리에게 어떤 영향을 미치고 있는지 좀 더 쉽게 이해할 수 있다.

1969년 아폴로 11가 달에 갔다 오는 임무Mission를 수행할 때, 미 항공우주국 나사NASA에서 사용하였던 아폴로 가이던스 컴퓨터Apollo Guidance Computer에는 2MHz CPU와 4kB RAM

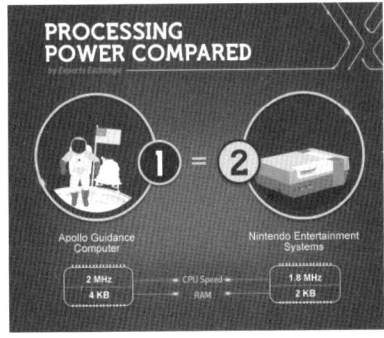

그림 11. 아폴로 가이던스 컴퓨터 성능비교
(출처: https://pages.experts-exchange.com/processing-power-compared)

이 적용되었다. 이는 1983년 일본 닌텐도Nintendo에서 가정용 비디오 게임기로 출시한 '닌텐도 엔터테인먼트 시스템Nintendo Entertainment System' 2대 정도의 성능과 유사하다. 14년 만에 가정용 게임기 2대만으로 아폴로 11호가 달에 갔다 오는 임무를 수행할 수 있게 된 것이다. 또 다른 성능비교 사례를 살펴보면 좀 더 재미있는 사실을 알 수 있다.

1985년 미국 클레이Cray사는 세상에서 제일 빠른 슈퍼컴퓨터Super Computer '클레이-2Cray-2'를 출시하였다.(당시 대학생이었던 나는 전자공학을 전공하고 있어서 컴퓨터 관련 뉴스에 관심이 높았다. 장안의 화제가 되었던 이 뉴스를 접하고 세상에서 제일 빠른 슈퍼 컴퓨터를 출시한 클레이사의 기술력을 무척 부러워했다.) 우리나라도 1988년 클레이-2에스Cray-2S 슈퍼 컴퓨터를 한국과학기술정보연구원KISTI[6]에서 미화 2천만 달러라는 막대한 예산을 지불하고 국내 최초로 도입하였다.

과학동아 1990년 3호에 실린 기사를 보면 "이 컴퓨터의 가격은 하드웨어만 3백억 원. 소프트웨어와 유지·보수 등에 드는 비용까지 합하면 5년간 4백20억 원이 든다. 이렇게 비싼 슈퍼컴퓨터는 어떤 용도로 쓰이게 될까?"라며 당시 국내에 1대밖에 없는 슈퍼컴퓨터를 얼마나 잘 활용하고 있는지에 관해 설명했다. 즉, 1988년 10월 정식 가동 후 1989년 3월까지 6개월간 무료로 개방한 기간 동안의 활용 현황을 보면 총 5백12건으로 월평균 90% 이상의 높은 활

6 | KISTI : Korea Institute of Science and Technology Information

용률을 보였다. 이용기관도 소프트웨어 엔지니어링 센터SEC, 한국과학기술원, 대학, 산업체 등 다양한 기관들이 이용한 것으로 나타났다. 또한 지방에서 슈퍼컴퓨터를 사용하기 위해 직할시 및 도청에 슈퍼컴퓨터 스위칭Switching 센터를 설치하고 고속 컴퓨터 통신망을 구축하였다고 하니, 슈퍼컴퓨터 한 대를 가지고 전 국가적으로 사용하였던 것이다.

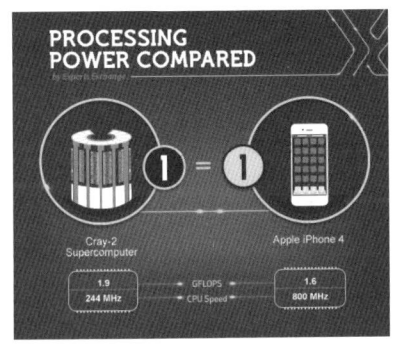

그림 12. 클레이-2 성능비교
(출처: https://pages.experts-exchange.com/processing-power-compared)

이렇듯 당시로써는 대단했던 클레이-2 슈퍼컴퓨터 성능은 어떠했을까? 컴퓨터의 성능을 수치로 나타낼 때 주로 사용되는 단위인 플롭스FLOPS[7]는 초당 부동소수점 연산이라고 하는데, 컴퓨터가 1초 동안 수행할 수 있는 부동소수점 연산의 횟수를 의미한다. 클레이-2의 경우 1.9기가플롭스(초당 19억 개 연산처리)이고, CPU 속도는 244MHz였다고 하는데, 이는 애플에서 2010년 출시한 아이폰 4iPhone 4의 성능(1.6기가 플롭스의 연산처리 능력과 800MHz CPU 속도)과 비슷한 수준이다. 심지어 메모리 측면에서는 클레이-2가 2기가 바이트2GB인 반면 아이폰 4는 16기가 바이트로 8배 많은 메모리 용량을 자랑한다. 최근 모델인 갤럭시 S9이나 아이폰 X 같은 경우는 아이폰 4

---

[7] FLOPS : Floating point Operations per Second

보다 100배 이상 성능이 향상되었다고 하니, 요즘 사람들은 이전 슈퍼컴퓨터 한 대씩을 들고 다닌다고 해도 과언이 아니다. 이렇듯 슈퍼컴퓨터급 성능을 가진 스마트폰이 대중화되면서 세상이 급속도로 변화하는데 결정적인 역할을 했다.

통신도
기가(Giga) 시대로

　이러한 엄청난 변화는 컴퓨터 등 기기들의 발전만으로는 불가능하다. 다시 말해 기기 자체의 혁신적 발전도 중요하지만 이에 못지않게, 기기를 연결하고 데이터Data나 정보를 서로 교환할 수 있게 하는 통신기술의 발전 또한 세상의 변화를 가져오는데 반드시 필요한 핵심 요소이다.

　인류 사회에서 빛과 소리라는 전통적 정보 전달 수단이 오랜 시간 이용되어 오다, 19세기 들어 전기를 이용해 정보를 전달하는 전신 방식이 발명되면서, 다양한 정보를 훨씬 멀리 떨어진 곳에, 과거에는 상상도 못 했던 빠른 속도로 전달할 수 있게 되었다. 이는 정치, 사회, 문화 등 모든 분야에서 혁명적인 변화를 일으킬 수 있는 단초가 되었다.

모스부호로 잘 알려진 미국의 화가 모스Samuel F.B. Morse는 1837년 전신기에 대한 특허를 출원하고, 1844년 5월 24일 워싱턴Washington과 볼티모어Baltimore 사이에서 전신 사업을 시작하였다. 이것이 전신 방식 통신의 시작이라 해도 과언이 아닐 것이다. 이후 부호가 아닌 음성을 전기신호로 변환하여 전달하는 전화기에 대한 특허를 1876년 출원한 그레이엄 벨은 드디어 1877년 5개 은행을 대상으로 전화기 상용화에 성공하면서, 부호가 아닌 사람의 음성을 직접 전달할 수 있는 통신기술의 획기적인 발전을 이뤄냈다.

1895년 이탈리아 기술자 굴리엘모 마르코니가 모스부호를 이용한 신호를 무선으로 전송하는데 성공하였고, 1897년 자신의 이름을 딴 마르코니 무선전신회사를 설립하면서 무선통신을 상용화하였다.

여기서 마르코니와 얽힌 재미있는 일화를 하나 소개하자면, 마르코니는 1900년부터 대서양을 횡단하여 유럽과 북미 사이에 무선전신을 주고받는 실험을 추진하였다. 이 실험을 할 당시는 지구의 대기권에 전파를 반사하는 전리층이 존재한다는 사실을 몰랐을 때였다. 당시 과학자들은 지구가 둥글고 전파는 직진성을 갖고 있기 때문에 전파를 이용한 통신의 범위가 160km에서 320km 정도로 제한될 것이라고 했음에도 불구하고, 마르코니는 실험을 추진하여 마침내 1901년 12월 12일 영국 콘월지역의 폴듀 전송기지에서 무려 5천km 떨어진 캐나다 세인트존스 수신기지까지 무선으로 통신

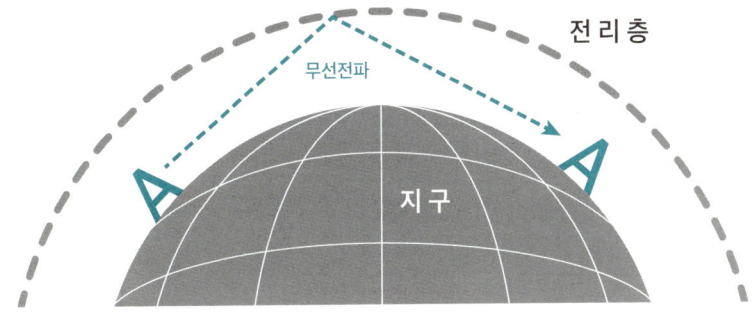

그림 13. 무선통신의 방법

하는데 성공하였다.(그 당시 주변에 개의치 않고 진행한 마르코니의 무모한 도전이 인류 역사에 큰 획을 긋게 될 줄은 성공을 거두기 전까지 누구도 몰랐을 것이다. 이러한 공로를 인정받아 마르코니는 1909년 노벨물리학상을 받았다.)

이러한 무선통신은 유선통신이 갖고 있던 문제점이었던, 원거리 통신에 필요한 엄청난 양의 전선을 필요로 하지 않았기 때문에 지구 전체를 연결하는 통신을 가능하게 하였다. 이 무선통신 기술이 계속 발전하면서 라디오, 텔레비전을 비롯한 새로운 기기들의 출현을 가능하게 하였고, 현재 사람들이 가장 많이 사용하고 있는 스마트폰까지 이어질 수 있었다.

인터넷을 통한 Data 전송속도 또한 빠른 속도로 발전해 왔다. 우리나라만 보더라도 1994년 6월 20일 케이티_{KT}는 당시 코넷_{KORNET}이라는 이름으로 초당 9천6백 비트_{9.6Kbps} 속도의 인터넷 서비스를 처

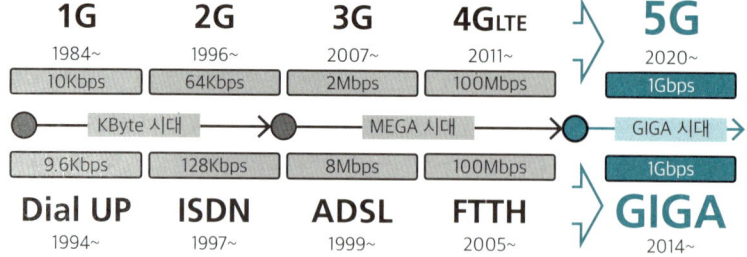

그림 14. 유무선 네트워크 진화과정 (출처: KT경제경영연구소)

음 출시했다. 이후, 1997년 종합정보 통신망$_{ISDN}$[8] 서비스를, 1999년에는 업로드 속도보다 다운로드 속도를 빠르게 한 비대칭 디지털 가입자 회선$_{ADSL}$[9] 서비스를 내놓으며 전송속도의 메가$_{Mega}$ 시대를 열었으며, 문자 정보뿐 아니라 사진이나 동영상 정보의 전송도 가능하게 하였다. 이후 기존 구리선이 아닌 광섬유를 이용하여 인터넷을 일반 가정집까지 연결한 광통신$_{FTTH}$[10] 서비스를 제공함으로써, 전기가 아닌 빛으로 전송하는 초당 백 메가 비트$_{100Mbps}$급 초고속 전송이 가능하게 되었다. 2014년에는 인터넷 전송속도의 기가$_{Giga}$ 시대를 열고 무선통신에서도 5G 기술을 활용한 기가 시대가 2019년부터 세계 최초로 시작되었다.

 유무선 통신기술의 발달로 전송속도가 획기적으로 빨라지면서 우리 생활에는 어떤 변화가 일어났을까?

 킬로 비트 시대에서는 최초로 초당 10킬로 비트$_{10Kbps}$ 전송 서비

---

8 | ISDN : Integrated Service Digital Network
9 | ADSL : Asymmetric Digital Subscriber
10 | FTTH : Fiber To The Home

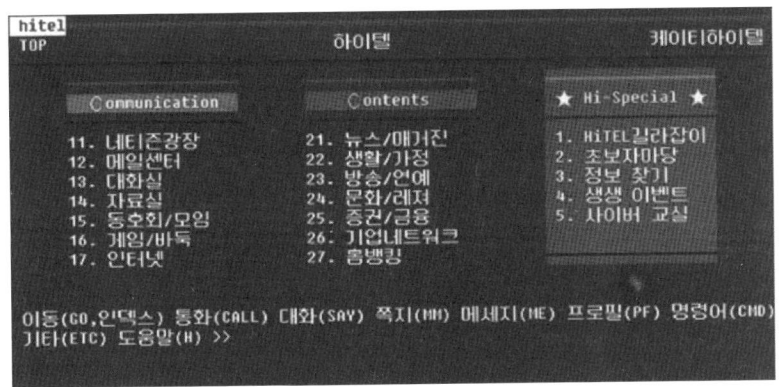

그림 15. 하이텔 서비스 초기화면

스가 제공되면서 음성통화가 가능했으며, 이후 초당 64킬로~128 킬로비트64Kbps~128Kbps 서비스에서는 음성뿐 아니라 문자를 주고받을 수 있게 되었다. 1991년 정식 서비스를 시작한 '하이텔'은 당시 많이 사용되었던 서비스 중 하나였는데, 그림 15에서 보는 바와 같이 모든 서비스가 문자로 구성되어 있다.

1997년 개봉된 영화 '접속'에서 PC 통신 서비스 중 하나였던 '유니텔'을 통해 주인공인 한석규와 전도연이 문자 채팅을 하는 장면이 자주 나오는 것처럼 당시 신세대들은 PC 통신 서비스를 많이 이용했다. 그때는 인터넷 전용선이 없고 기존 전화선을 같이 사용했었기 때문에 PC 통신을 이용하면 전화를 쓸 수 없어 부모님과 다투는 일들이 비일비재했다.

2000년대 들어 메가 시대가 되면서 초당 2메가 ~ 8메가비트2Mbps~8Mbps 전송속도로 사진이나 동영상 재생까지 서비스 범위가 확대되었다. 현재 우리가 많이 사용하는 초당 100메가비트100Mbps 이상에서는 실시간 동영상 서비스까지 가능해졌다. 유튜브 등 다양한 동영상 콘텐츠는 물론 페이스북, 트위터 등 소셜 네트워크 서비스SNS[11]가 확대되고 있으며, 이를 기반으로 한 실시간 1인 방송 서비스까지 빠른 속도로 늘어나고 있다.

이렇듯 다양한 정보를 언제, 어디서나 실시간으로 주고받을 수 있게 됨으로써 우리 생활에는 엄청난 변화가 일어났다. 앞으로 전개될 기가 시대에는 실시간 가상현실VR[12] 서비스, 홀로그램Hologram 서비스, 실시간 입체영상3D 서비스 등을 통해 지금으로써는 상상하기 쉽지 않은 또 다른 새로운 세상이 펼쳐질 것이다.

---

11 | SNS : Social Network Service
12 | VR : Virtual Reality

06

인류의 모든 기록을
디지털화한다

유네스코UNESCO에서는 1992년 '세계의 기억Memory of the World'이라는 사업을 설립하며 시금까지 인류기 만들어 온 세계 각국의 기록유산들을 보존하고 미래 세대들에게 전수하기 위한 활동을 해 오고 있다. 2017년 기준으로 세계 기록유산은 총 432건이 등재되었으며, 우리나라도 '조선왕조실록', '훈민정음(해례본)', '난중일기', '동의보감' 등 16건의 기록물이 유네스코 세계 기록유산으로 등재되었다. 유네스코는 이 활동을 통해 인류 모두의 소중한 자산인 세계의 기록유산을 최적의 기술을 통해 보전함은 물론 기록유산의 보편적 접근성을 향상시키기 위해 노력하고 있다.

정보를 기록하는 방식에 있어 오랜 기간 동안 책, 사진, 비디오

테이프 등 다양한 기록 저장매체들이 이용되어 왔으나, 컴퓨터가 등장하면서 기록저장 기술은 아날로그$_{Analog}$에서 디지털$_{Digital}$로 전환되는 커다란 변환기를 맞이하게 되었다. 인류가 만들어온 수많은 기록이나 정보들을 디지털로 전환하고, 활용도가 높은 디지털 정보로 재가공하여 사용하는 사례가 유네스코뿐 아니라 다양한 분야에서 빈번히 일어나고 있다.

대표적인 사례가 구글$_{google}$에서 진행하고 있는 '구글 북스 라이브러리 프로젝트$_{Google\ Books\ Library\ Project}$'이다. 이 프로젝트는 간단히 말해 도서관에 있는 모든 책을 디지털화해서 전 세계에 무료로 공개하겠다는 콘셉트로 2004년 시작되었다. 구글은 미국 대학 도서관에 있는 책을 스캔하여 전자문서$_{e\text{-}Book}$ 형태로 만든 뒤, 이를 도서관에 기증하고 독자들에게도 무료로 공개하였다. 저작권 유효기간이 끝난 책은 전문을 공개했고, 저작권이 남아있는 책은 목차와 내용 일부만 공개하는 등, 독자들이 검색을 통해 책과 본문 내용을 쉽게 찾을 수 있는 서비스를 제공한다. 이에 미국작가협회는 원작자의 동의 없이 책을 복제했고, 책을 발췌문서 형태로 가공한 것 자체가 원작을 훼손해 저작권을 침해한 것이라며 2005년 소송을 제기했으나, 2016년 4월 18일 미 연방 대법원은 구글이 작가들의 저작권을 침해하지 않았다고 판단하고, 저작권 침해 손해배상 소송에서 작가들의 상고 신청을 기각했다.

구글은 현재 전 세계 40개가 넘는 도서관들과 협력하여 이 프로젝트를 진행하고 있다. 이 도서관들이 소장하고 있는 책들을 디지

그림 16. 구글 북스 서비스 홈페이지: books.google.co.kr

털화하여 누구나 쉽게 원하는 책을 검색하고, 그 내용을 확인할 수 있는 서비스를 제공하고 있다.

우리가 운전할 때 많이 사용하고 있는 길 안내 서비스$_{Navigation\ Service}$도 주변에서 흔히 접할 수 있는 디지털 정보로의 전환 사례 중 하나다. 예전에는 대부분 차 안에 두툼한 지도책을 두고 낯선 길을 갈 때는 먼저 지도책으로 목적지까지 가는 길을 확인하고 길을 떠났다. 동행자가 지도책을 보며 가는 방향을 알려주는 경우도 있었다. 이렇게 애용되었던 지도책을 디지털화하고, 위치정보$_{GPS}$[13] 기술과 결합하여 이제는 내비게이션 장비나 스마트폰에 목적지만 입력하면 가는 길을 안내해 줌은 물론, 실시간으로 교통상황에 따라 가장 일찍 도착할 수 있는 길을 찾아준다. 또한 가는 동안 도로에 설치된 과속단속 카메라나 사고위험 지역 안내와 같은 다양한 부가 서비스까지 제공한다.

13 | GPS : Global Positioning System

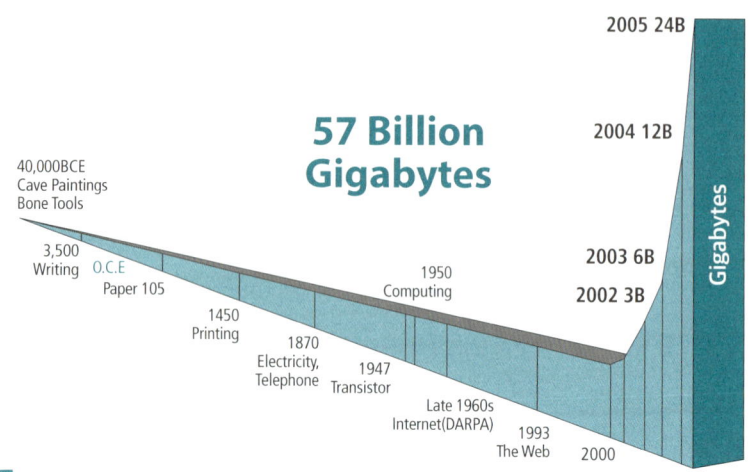

그림 17. 정보량의 변화 (출처: UC Berkeley, School of Information)

물론 기존에 있는 많은 기록이나 정보를 디지털화하는 것이 쉬운 작업은 아니다. 앞에서 본 구글 북스 라이브러리 프로젝트에서 도서관에 있는 모든 책을 스캔하여 전자문서로 변환하는 작업이라든지, 전 세계 모든 지도를 디지털화하고, 변경되는 도로나 지역을 지속적으로 업데이트하는 작업이 엄청난 시간과 노력을 필요로 하는 것임은 틀림없다. 하지만 이렇게 어려운 과정을 통해 만들어진 디지털 정보는 기존 정보가 제공할 수 없는 새로운 가치를 다양한 방식으로 제공하기 때문에 많은 IT 기업이 앞다투어 디지털화 작업을 진행하고 있는 것이다.

그림 17에서도 알 수 있듯이 인류가 최초 기록을 시작한 이후 2005년까지 기록해온 정보의 총량은 570억 기가바이트 정도로 추

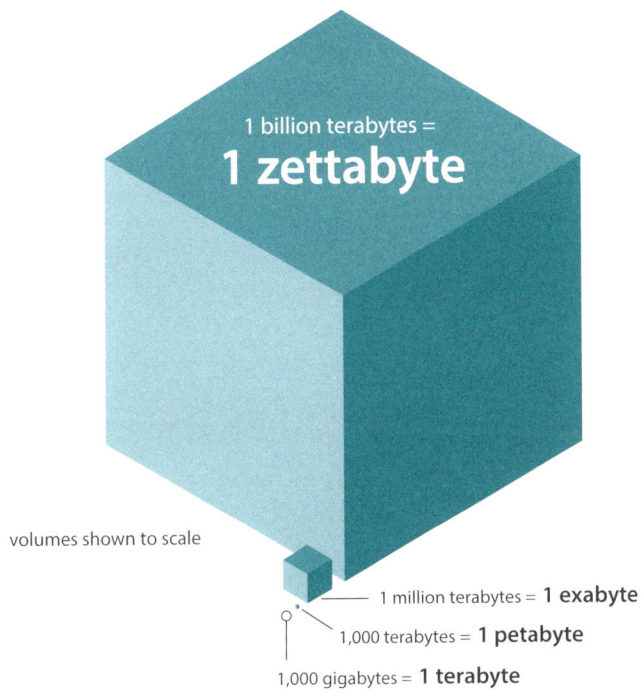

그림 18. 제타는 기가의 1조배 (출처: "How Is Data Measured")

정된다. 최근 4년간(2002년~2005년) 만들어진 정보의 양이 450억 기가바이트라고 하니 인류가 5만 년이 넘는 시간 동안 만든 정보 총량의 약 80%가 최근 4년간 만들어졌다는 사실에 놀라지 않을 수 없다.

이보다 더 놀라운 사실은 최근 시장조사기관 IDC와 HDDHard

Disk Drive 제조사인 시게이트$_{Seagate}$가 공동으로 발간한 '데이터 에이지$_{Data\ Age}$ 2025' 백서에 의하면 2025년에는 175 제타 바이트$_{ZB}$[14] (Zeta는 Giga의 1조 배)까지 증가할 것으로 예측하고 있다. 이는 인류가 동굴벽화부터 시작하여 2005년까지 만들었던 총 정보량보다 무려 3천 배가 넘는 정보량이 2025년 한 해에 만들어진다는 사실이다.

    이렇듯 아날로그에서 디지털로의 전환은 엄청난 양의 데이터를 만들 수 있게 하였으며, 컴퓨터 성능의 향상으로 이러한 데이터를 원하는 정보로 신속하게 가공, 처리하는 것이 가능해졌다. 또한, 통신기술의 발달로 이렇게 처리된 정보를 언제 어디서나 실시간으로 주고받을 수 있게 되었다. 다시 말해 엄청난 양의 데이터와 이를 처리하는 컴퓨터의 연산능력, 이를 전달하는 통신기술 등 3대 핵심요소의 혁신적인 발전으로 4차 산업혁명 시대가 도래하였으며, 앞으로도 새로운 변화의 시대를 계속 열어나갈 것이다.

---

14 | ZB : Zeta Byte

07
커제의 눈물

  2017년 5월 27일 여러 언론매체에서는 '커제의 눈물'이라는 타이틀로 연합뉴스 발 사진과 기사를 기재히였고, 이는 한동안 세간을 떠들썩하게 하였다. 중국의 바둑 일인자라고 자타가 인정하는 커제 9단이 27일 오전 중국 저장성 우전 국제 인터넷 컨벤션 센터에서 열린 '바둑의 미래 서밋Future of Go Summit'에서 구글의 인공지능 알파고AlphaGo와의 마지막 3국 대국 중 눈물을 참지 못하고 울음을 터뜨리는 장면의 사진과 함께 3번의 대국에서 모두 졌다는 대국 결과를 알린 기사였다. 또한 이 기사에는 구글의 인공지능 알파고와의 3번기 마지막 대국에서 불계패한 뒤 기자회견에서 "알파고가 지나치게 냉정해 그와 바둑을 두는 것은 고통 그 자체였다."고 말한 커제의 힘들었던 심경도 쓰여있었다. 사실 알파고는 이번 커제와의 대국보다 1년 앞서 진행하였던 이세돌 9단과의 대국에서 더 잘 알려졌던 구글의 인공지능 바둑 프로그램이다.

영국의 스타트업 기업이었던 딥마인드 사 DeepMind Technology Limited를 2014년 구글이 인수하면서 인공지능 바둑 프로그램 개발이 본격적으로 진행되었다. 2015년 10월 유럽 바둑 챔피언십 EGC[15]에서 3차례 우승한 프랑스의 판 후이 Fan Hui 2단과의 5번기에서 모두 승리해 맞바둑으로 프로 바둑기사를 이긴 최초의 컴퓨터 바둑 프로그램이 되었다. 하지만 당시 판 후이의 패배는 알파고가 잘했다기보다는 판의 실력이 그다지 뛰어나지 않았기 때문이라는 것이 바둑계의 일반적인 평가였고, 판과 알파고의 기보를 본 전문가들은 알파고를 프로 5단 정도의 실력으로 추정하였다.

알파고가 전 세계의 이목을 끈 것은 2016년 3월 9일부터 15일까지 한국에서 벌어졌던 이세돌 9단과의 5번기 '구글 딥마인드 챌린지 매치'였다. 사실 이 대국은 알파고를 통해 구글의 인공지능 기술의 우수성을 전 세계에 알리기 위한 목적이 컸을 것으로 생각된다. 이를 반영하듯 한 명의 기사와 두는 5번기 이벤트성 대국임에도 우승상금이 100만 달러였고, 5번의 대국료 15만 달러, 승리 수당 1승당 2만 달러로 이세돌 9단이 5번의 대국을 모두 이긴다면 총 125만 달러의 상금을 받을 수 있었다. 상금 규모로만 보면 어느 국제바둑대회보다 훨씬 큰 대회였다. 또한 최고의 전성기는 아니더

---

15 | EGC : European Go Championship

라도 세계 최고 수준의 프로기사인 이세돌 9단과 인공지능의 대결이라는 빅 이벤트성 대회 자체에 세상의 이목이 집중되었고, 한국뿐 아니라 일본, 중국에서도 생방송 중계를 할 정도로 엄청난 관심을 모았다.

대국에 앞서 승패에 대해서도 다양한 예측들이 나왔지만 이세돌 9단의 우승을 점치는 이들이 우위를 점하고 있었다. 이세돌 9단 자신도 본인이 승리할 것으로 예상한다고 하였다. 이러한 분위기는 3월 9일 1국에서 알파고가 186수 만에 백 불계승을 거두면서 완전히 뒤바뀌게 된다. 당시 중국의 커제 9단은 이세돌 9단이 첫 대국에서 알파고에 패하자 "알파고가 이세돌마저 꺾었지만 나를 이길 수는 없을 것"이라고 오만에 가까운 단언을 한 것으로도 유명하다. 두 번째 대국 패배 뒤에도 "인류대표의 자격이 없다."라며 이세돌 9단을 비판하였지만 결과적으로 1년 후 자신은 알파고와의 대국에서 단 한번도 이기지 못했다. 이후 계속된 두 번째, 세 번째 대국에서도 알파고는 불계승을 거두게 되고, 네 번째 대국에서 이세돌 9단의 기발한 한 수가 발판이 되어 180수 만에 겨우 알파고에 불계패를 안기게 되었다. 마지막 5국도 이세돌 9단의 선전을 기대하며 5개 대국 중 가장 많은 수를 두었지만 아쉽게도 280수 만에 이세돌 9단이 돌을 던지며, 최종 전적 1승 4패로 대국은 마무리되었다.

이 이벤트성 대국은 단지 인간과 인공지능 간의 바둑 대결이라는 차원을 넘어 여러 가지 중요한 시사점을 남겼다. 구글은 기대 이상의 엄청난 홍보 효과를 얻으며 자사의 인공기능 기술에 대한 우수성을 세계에 알릴 수 있었다. 그동안 미래에 다가올 기술 정도로 여겨졌던 인공지능 기술이 코앞에 놓여있음을 모두가 실감하게 된 것이다. 또한 한국을 비롯한 여러 국가에서는 인공지능 기술을 국가 차원에서 서둘러 준비해야 한다면서 기존의 계획을 앞당겼다. 일반인에게도 생소했던 인공지능 기술이 실생활에 어떻게 활용되고, 4차 산업혁명에서 어떤 역할을 하게 될지에 대한 이해를 할 수 있는 계기가 되었다. 결과론적으로 이 이벤트성 대국이 전 세계 4차 산업혁명을 앞당기는 촉진제 역할을 했다고 해도 과언이 아니다.

08

우사인 볼트 대
리오넬 메시

　우리는 지금까지 세상이 얼마나 빠르게 변화하고 있는지에 대해 여러 사례를 통해 이해했다. 그렇다면 빠르게 변한다는 것은 어떻게 변한다는 의미일까? 아니 좀 더 근본적인 질문으로 들어가 빠르다는 의미는 무엇일까? 이 질문에 대한 답을 좀 더 쉽게 찾기 위해, 급변하는 환경 속에서 세계의 유수한 기업들은 어떻게 변화하며 생존하고, 성장하고 있는지에 대해 확인해 보고자 한다.

　학교에서 배우는 과학 교과서에 빠르기를 나타내는 속도Velocity와 속력Speed이란 개념이 나온다. 여기서 속력은 방향에 상관없이 이동한 총 거리를 기준으로 한 빠르기를 의미하고, 속도는 처음 위치에서 최종 위치까지 이동한 총 거리를 기준으로 한 빠르기를 의미한다. 다시 말해 속도란 단순히 이동한 거리가 아니라 어디서 어디로 이동했는지에 대한 방향 개념까지 포함된 빠르기인 것이다.

이는 100미터 달리기와 25미터 왕복 달리기를 비교하면 그 차이를 쉽게 알 수 있다. 100미터 달리기의 경우 한 방향으로 일정하게 달리기 때문에 속도와 속력은 같은 양으로 나타난다. 예를 들어 100미터를 20초에 달렸다고 하면, 속력이나 속도 모두 초당 5미터(5m/sec)가 된다. 하지만 왕복 달리기의 경우 상황은 완전히 달라진다. 예를 들어 25미터 왕복달리기를 한 번 하는데 10초가 걸렸다고 가정해보자. 속력은 총 50미터를 이동하였기 때문에 초당 5미터(5m/sec)가 되지만, 속도의 경우 제자리로 돌아왔기 때문에(처음 위치와 최종 위치가 같아서) 실제 이동한 거리가 0미터라 초당 0미터(0m/sec)가 된다.

이러한 차이는 사업환경변화에 대처하는 기업들의 대응 방향에서도 찾아볼 수 있다. 우리나라 경우만 보더라도 대부분의 대기업들이 사업을 성장시키는 과정에서 '패스트 팔로워Fast Follower'로써 앞서가는 선진기업들을 따라잡기 위해 앞만 보고 조금이라도 더 빨리 달려가기 위한 '우사인 볼트'식 대응을 하였다. 그러나 시장에서 어느 정도 위상을 가지고 세계 선도기업 대열에 합류한 현 시점에서는 '퍼스트 무버First Mover'로써 상황 변화에 민첩하게 대처할 수 있는 '리오넬 메시'식 대응이 절실하다. 여기서 빠르다는 것과 민첩하다는 개념의 차이가 시사하는 바는 매우 크다.(우사인 볼트가 정해진 트랙에서 결승점을 향해 누구보다 빠르게 달리는 육

상선수라면, 리오넬 메시는 골을 넣기 위해 여러 수비수를 제치고, 때로는 팀 동료의 도움을 받으며 민첩하게 움직여야 하는 축구선수다. 두 선수 모두 자기 분야에서 세계 제일의 선수이지만, 운동 방식에서의 차이점을 기업 대응 방식에 접목해 보았다.)

기업 생존을 위해 변화에 얼마나 민첩하게 대응하느냐 하는 부분은 19세기 진화론자로 유명한 다윈Charles Darwin이 그의 저서에 남긴 말과도 일맥상통한다.

"가장 강하거나 똑똑한 종이 아닌 가장 변화에 잘 적응하는 종이 살아남는다.[16] "

이 문장에서 나오는 종Spices이란 단어를 기업이라는 단어로 바꿔보면, "가장 강하거나 똑똑한 기업이 아닌 가장 변화에 잘 적응하는 기업이 살아남는다."로 급변하는 사입환경에서 치열하게 경쟁하고 있는 기업들에게 생존을 위한 전략방향에 있어 아주 중요하고 명확한 메시지를 제시한다. 이는 2016년 8월 세계경제포럼World Economic Forum에서 발표한 내용만 보아도 쉽게 알 수 있다.

세계경제포럼은 '세계 10대 기업[17] '이라는 보고서에서 시가총액을 기준으로 산출된 2006년도와 2016년도 세계 10대 기업을 비교하면서, 불과 10년 사이에 얼마나 많은 변화가 있었는지를 설명하

---

16 | It is not the strongest of the spices that survives, nor the most intelligent that survives. It is the one that is most adaptable to change.
17 | These are the world's 10 biggest corporate giants.

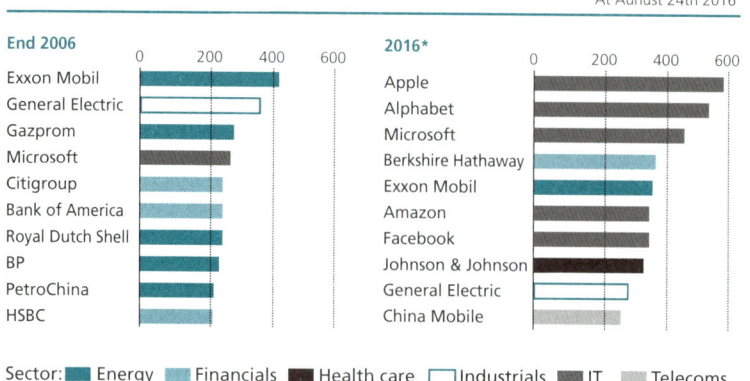

그림 19. 세계 10대 기업 변화 (출처:"These are the world's 10 biggest corporate giants" 보고서)

였다. 그림 19에서 보는 바와 같이 2006년에 세계 10대 기업들의 주류는 에너지 사업을 하는 엑손 모빌Exxon Mobil, 쉘Royal Dutch Shell, 비피BP등 이었고, 그 뒤를 잇는 분야가 시티그룹Citigroup, 뱅크 오브 아메리카Bank of America 등 금융회사들이었다. 제조업의 아이콘이라 할 수 있는 제너럴 일렉트릭GE[18]이나 IT 업계를 대표하는 마이크로소프트Microsoft 정도가 상위 10위에 올라 있을 정도였다.

하지만 10년 후에는 엄청난 변화가 나타난다. 에너지 업계에서는 엑손 모빌을 제외한 4개의 회사와 기존 금융회사가 모두 상위 10위에서 물러나고, 새롭게 한 회사만 상위에 올랐다. 이렇게 물러난 자리 대부분을 애플Apple, 알파벳Alphabet 구글 지주회사, 아마존

18 | GE : General Electric

Amazon 등 IT 관련 기업들이 새롭게 차지했다. 제조업을 대표하는 제너럴 일렉트릭은 겨우 10위 자리에 남아 있을 수 있었고, 10년간 별다른 변화가 없었던 기업으로는 마이크로소프트가 유일했다. 불과 10년 사이에 세계 10대 기업의 판도가 바뀐 것이며, 이는 각각의 회사뿐 아니라 이들이 속해 있는 업계의 판도 또한 급격한 변화를 가져왔다는 사실을 알 수 있다.

이 글을 쓰고 있는 2019년 3월 시점에서도 세계 최고 시가총액 회사 자리를 놓고 애플과 마이크로소프트가 치열한 경쟁을 벌이고 있다. 잘나가던 페이스북Facebook도 여러 난제를 만나며 경영상의 어려움을 겪고 있는 것을 볼 때, 변화에 얼마나 민첩하게 대응하느냐가 기업의 생존 여부를 가늠하는 중요한 잣대라는 것을 다시 한번 느낄 수 있다.

09
디지털만이 살길이다

앞에서 살펴본 바와 같이 마이크로소프트, 애플, 구글, 아마존 등 내로라하는 IT 기업들은 2019년 현재에도(아직까지는?) 상위 10위 기업에 위치하고 있다. 이들 기업은 누구보다도 민첩하게 변화에 대응하기 위한 디지털 기반의 경영혁신Digital Transformation에 중점을 둔다. 이제 여러 사례분석을 통해 이 부분을 좀 더 상세히 살펴보자.

제너럴 일렉트릭General Electric사는 전구를 발명한 에디슨이 1878년 설립한 전기조명회사의 모체로 세계 최대 글로벌 인프라 기업이다. 초창기 가정용 전기기구 사업을 시작으로 가전기기, 중전기기, 터빈, 항공기 엔진, 의료기기, 운송, 금융 등 다양한 분야로 사업을 확장하며, 명실상부한 제조업의 상징이라 불릴 만큼 한때 세계 최대 제조회사로 성장하였던 기업이다.

1981년 CEO로 부임한 잭 웰치Jack Welch 회장은 "세계 1위 또는 2위가 될 수 없는 사업에서는 철수한다."는 경영방식 하에 선택과 집중 전략을 펼쳤다. 과감하게 경쟁력 없는 사업들을 정리하고 신규사업에 진출함으로써 20여 년의 재임기간 동안 제너럴 일렉트릭 매출 규모를 5배 이상 성장시키고 사업구조를 혁신하는 성과를 이루어냈다. 이로 인해 '전설적인 경영자'라는 별명도 얻게 되었다.

2001년 CEO 자리를 물려받은 제프리 이멜트Jeffrey Immelt 또한 취임 당시 백색가전과 금융사업이 주력사업이었던 회사를 에너지, 항공, 헬스케어 등 미래 지향적 전문기업으로 탈바꿈시켰다. 이멜트 회장은 월스트리트저널WSJ과의 인터뷰에서 "내가 물려받은 회사의 3분의 2 정도를 매각한 것 같다."고 말했으며, 심지어 GE의 모태가 되었던 조명사업까지 매각을 단행하였다.

무엇보다 주목할 점은 이멜트 회장이 2011년 GE의 소프트웨어 개발기지인 'GE 디지털'을 설립하며, "2020년까지 세계 탑 10 소프트웨어 기업이 되는 것이 목표"라고 말한 부분이다. 세계 제조업의 상징인 GE가 10년 안에 세계적인 소프트웨어 회사가 되겠다는 전략을 밝힌 것은 사업구조 혁신만으로는 기업이 경쟁력을 유지하기 어려우며, 궁극에는 업의 개념까지도 바꿀 수밖에 없다는 최고경영자의 절실함이 느껴지는 부분이다. 물론 기대한 만큼의 성과를 이루지 못했던 이멜트 회장은 16년간 역임했던 최고경영자 자리를 2017년 존 플래너리John Flannery에게 물려주었고, 후임자였던 존 플래너리는 취임 후 불과 1년 2개월 만에 로런스 컬프Lawrence Culp 로 전격 교체되어 세상을 놀라게 했다.

2018년 GE가 전격적으로 단행한 CEO 교체는 두 가지 큰 의미를 가진다. 첫째, CEO 후보군을 선정하고 일정기간 이들의 역량을 점검한 후 최종 후보를 결정하며, 공식적인 승계절차를 거쳐 CEO를 교체하는 과정을 파괴하였다는 점이다.(이러한 GE 리더십 프로그램을 벤치마킹하며 유사 프로그램을 도입한 기업도 있다.) 둘째, 이러한 GE 리더십 프로그램을 거쳐 양성되어온 GE 인력이 아닌 외부인력을 CEO로 정했다는 점에서 파격적이라 하지 않을 수 없다. 그만큼 GE의 현재 경영상황은 좋지 않음을 시사하고 있다. 실제 2019년 4월 초 기준으로 시가총액이 미화 800억 달러 수준으로 떨어졌으며(그림 19에 나타난 2016년 GE 시가총액은 미화 2,000억 달러 정도 넘는 수준이었다.), 2018년 6월 111년 만에 다우지수 구성 종목에서 퇴출당하는 수모를 겪었다.

2006년에서 2016년까지 큰 부침이 없어 보였던 마이크로소프트MS[19]도 그렇게 녹록하지 않은 상황이었다. 1975년 빌 게이츠Bill Gates와 폴 앨런Paul Allen이 공동 설립한 마이크로소프트는 우리가 잘 아는 엠에스 도스MS-DOS, 윈도우MS Windows, 오피스MS Office 등을 기반으로 성장한 세계 최대 소프트웨어회사이다.(엑스박스X-Box 게임기와 같은 하드웨어 사업도 병행하고 있다.) MS의 상징과 같은 존재인

19 | MS : Microsoft

빌 게이츠로부터 2000년 CEO 자리를 물려받은 스티브 발머Steven Ballmer는 세계 최고 수익성을 갖는 IT기업으로 유지해나갔으나, 급신장한 모바일Mobile 시장에 대한 늦은 대처, 윈도우 판매부진 등 실망스러운 성과로 인해 2014년 사티아 나델라Satya Nadella에게 CEO 자리를 넘겨준다.

  새로 취임한 나델라는 비대해진 조직의 몸집을 줄이고, 조직이 기주의를 타파하는 대규모 조직개편을 단행한다. '모바일 퍼스트, 클라우드 퍼스트[20]'라는 새로운 캐치프레이즈를 통해 윈도우 및 PC 관련 제품에 의존했던 사업모델을 탈피하여 모바일과 클라우드 사업에 집중하였으며, 시장과 고객을 중시하는 신속한 조직운영 전략을 펼침으로써 마이크로소프트를 대대적으로 혁신시켜 나가고 있다. 이러한 혁신의 노력이 성과로 이어져 2018년 12월 드디어 애플에게 내주었던 세계 시가총액 1위 기업 자리를 16년 만에 되찾을 수 있게 되었다. 나델라는 "우리의 신업은 전통을 존중하지 않는다. 혁신만을 존중할 뿐이다.[21]"라고 말할 만큼 혁신을 강조하며 새로운 시대에 맞는 마이크로소프트를 만들기 위해 계속적으로 변화를 꾀하고 있다.

  1994년 제프 베조스Jeff Bezos가 설립한 아마존Amazon은 온라인 서점으로 사업을 시작해서 불과 20여 년 만에 세계 최대 온라인 쇼핑 회사로 성장하였다. 아마존 웹 서비스AWS로 잘 알려진 클라우드 서

---

20 | 'Mobile First, Cloud First'
21 | "Our industry does not respect tradition – it only respects innovation."

비스, 전자책 단말기 킨들Kindle, 영화, 드라마 등 다양한 장르의 콘텐츠를 제공하는 주문형 비디오 인터넷 서비스인 아마존 프라임 비디오Amazon Prime Video, 드론Drone으로 배송하는 미래형 배송 서비스인 아마존 프라임 에어Prime Air 등 사업영역을 다양하게 확대해 나가고 있다. 이렇듯 아마존이 신속하게 사업의 변화를 가져올 수 있었던 바탕에는 이들만의 조직 운영 철학이 깔려있다고 볼 수 있다. 특히 우리에게도 잘 알려진 투 피자 팀[22]은 "피자 두 판으로 팀원들 모두가 먹기에 부족하다면 그 조직은 너무 큰 조직이다.[23]"라는 베조스의 경영철학에 걸맞게 작은 조직운영을 통해 신속한 의사소통과 빠른 실행으로 환경변화에 발 빠르게 대응하는 아마존 식 스피드 경영전략이다.

구글의 대표적인 혁신전략이자 조직문화는 매주 금요일(요즘은 직원들 휴가 등을 고려해 목요일에 열린다고 한다.) 열리는 전체 회의TGIF[24]를 들 수 있다. 래리 페이지Larry Page, 세르게이 브린Sergey Brin 등 창업자나 최고경영진이 진행하는 이 회의는 어느 직원이든 참여할 수 있으며, 사내 이슈, 앞으로의 사업방향 등 다양한 주제를 가지고 경영진과 직원들 간에 정보를 공유하는 장으로 유명하다. 특히 도리Dory라는 사전질문 시스템을 통해 모든 직원은 어떤 질문이라도 입력할 수 있으며, 사전질문 내용 중 직원들이 투표해서 가장 많은 지지를 받은 질문이 이 회의에 상정되고 최고 경영진

---

22 | Two Pizza Team
23 | "If you can't feed a team with two pizzas, it's too large."
24 | TGIF : Thanks Google It's Friday

은 이 질문에 대해 답변을 하는, 직위 고하를 불문하는 수평적 소통을 실행하고 있다. 이를 통해 전 직원들은 회사가 현재 어떠한 상황에 있는지, 앞으로 어떤 방향으로 사업을 추진할 것인지에 대한 정보를 이 회의를 통해 손쉽게 얻을 수 있다.(해외에서 근무하는 직원들을 위해 이 회의를 인터넷 중계한다.)

혁신적인 기업을 얘기하자면 애플을 빼놓을 수 없다. 특히나 애플의 대표적 슬로건인 "다르게 생각하라.[25]"는 창조적 혁신Creative Innovation을 추구하는 애플의 경영철학이 잘 나타나 있다. 이로 인해 경영진뿐 아니라 전 임직원이 '혁신'이라는 확실한 방향성을 가지고 움직인다. 이는 "애플이 2004년 스마트폰 개발을 시작한 것은 수익이 많이 날 것 같아서가 아니었다. 그 분야에 혁신할 요소가 가장 많이 있을 것이라는 확신 때문이었다."라는 아이폰iPhone에 대한 애플의 한 임직원의 말에서도 잘 알 수 있다. 이러한 확실한 방향성에 근거한 의사결정은 전 임직원이 목표에 대한 공감대를 형성하고 한 방향으로 나아감으로써 목표나 계획에 대한 변경을 최소화할 수 있었으며, 결과적으로 발 빠르게 나아갈 수 있는 스피드 경영이 가능했다고 할 수 있다.

애플 CEO 팀쿡Timothy Donald Cook은 2019년 3월 25일 새로운 동영상 스트리밍 서비스인 'TV플러스TV Plus'와 번들Bundle형 뉴스, 잡지 구독 서비스 '뉴스플러스News Plus', 구독형 게임 서비스 '애플 아케이드Apple Arcade', 그리고 골드만삭스Goldman Sachs와 제휴한 '애플카드

25 | "Think Different"

Apple Card'를 제공하겠다고 발표했다.

여기서 주목해 볼 것은 첫째, 애플이 그동안 새로운 제품을 공개할 때 진행하던 이벤트를 처음으로 디지털 콘텐츠 서비스를 위해 열었다는 점과, 둘째, 애플 제품 간 폐쇄형 생태계를 유지해 오던 애플이 이번에 공개된 서비스에서는 애플 제품뿐 아니라 일반 스마트TV 및 스트리밍Streaming 기기에서도 서비스를 이용할 수 있는 개방형 서비스를 제공하겠다고 한 점이다. 이를 통해 애플이 또 다른 혁신을 추진하고 있다는 사실을 엿볼 수 있다.

앞에서 살펴본 사례들이 주는 시사점은 많겠지만 이들 기업이 민첩하게 변화에 대응할 수 있었던 원동력을 크게 두 가지 측면으로 정리해 보면 다음과 같다.

첫째, 기업이 추구하는 비전과 목표를 명확히 공유하고, 경영진과 임직원이 한 방향으로 갈 수 있도록 지속적으로 소통하고 공론화한다는 점이다. 둘째, 세계적인 대기업임에도 신속한 실행이 가능한 작은 조직Small Team을 기반으로 하고, 프로젝트 중심으로 각 팀이 맡은 역할에 충실하며, 필요할 때 모여 함께 진행하는 '따로 또 같이' 방식의 조직운영을 하고 있다는 점이다.

1980년대 이후 수많은 기업이 업무효율을 높이기 위해 사무자동화Office Automation을 진행해왔다. 컴퓨터를 통해 직원들이 하던 단순반복적인 작업을 효율화하여 며칠씩 걸리던 작업이 반나절도 걸리지 않게 되었고(덕분에 일은 늘어났지만..), 산더미같이 쌓였던 문서들은 컴퓨터 저장장치에 저장되어 사무공간도 효율적으로 사용할 수 있게 되었다. 이렇듯 컴퓨터로 대변되는 디지털 기술이 엄청나게 빠른 속도로 발전하면서 이제는 단순 사무자동화 차원을 넘어 기업경영 전반에 걸친 경영혁신, 즉 '디지털 트랜스포메이션 Digital Transformation'을 통해 급변하는 환경에 신속하게 대응하고 경쟁력을 확보하려고 하고 있다. 이는 디지털 기술을 활용하여 기업의 모든 것을 근본적으로 변화시키는 경영혁신 전략으로 단순히 업무 프로세스나 조직 운영뿐 아니라, 조직원 및 고객과의 커뮤니케이션, 조직 문화, 비즈니스 모델, 사업전략 등 전 분야를 망라하여 4차 산업혁명 시대를 대비한 생존전략이라 할 수 있다.

PART
02

고객 따라잡기

나의 고객은 누구인가?

앞에서 우리는

기술이 발전하면서 생활방식이 변하고,

경제가 성장하며, 문화가 다양해지는 등

지금까지 우리를 둘러싼 세상이 얼마나 빠르게

변해왔으며, 이러한 변화가 우리들의 삶에

어떤 영향을 미쳤는지 여러 사례들을 통해 알아보았다.

이제 이러한 이해를 바탕으로 변화의 흐름에 맞는

사업 기회를 찾기 위해 무엇을 해야 하는지에 대해

살펴보고자 한다.

01

고객을 위한 활동, 마케팅

　요즘처럼 마케팅이란 용어가 자주 등장하던 때가 있었을까 싶을 정도로 마케팅은 기업을 운영하는 경영자, 자영업을 하는 개인사업자뿐 아니라 창업을 준비하고 있는 예비 창업자에게도 필수불가결한 사업전략이 되었다. 그렇다면 마케팅이라는 말의 의미는 무엇일까? 사실 내가 마케팅 부서에 근무했을 당시에도 "마케팅이 무엇이냐?"는 질문을 회사 내 다른 부서 직원들이나 친구, 지인들로부터 많이 받았었다. 그만큼 마케팅이란 말을 자주 사용하고 이에 대한 관심 또한 증가하고 있지만, 마케팅이라는 용어를 제대로 이해하기 힘들 정도로 마케팅의 개념은 날로 확대되어 가고 있다. 이에 마케팅 개념 전체에 대한 이해는 어렵더라도 마케팅 활동을 위해 반드시 짚고 넘어가야 할 포인트가 무엇인지 살펴보고자 한다.

옥스포드 사전Oxford Dictionaries에서는 마케팅을 "제품이나 서비스를 판매하거나 판매를 촉진하기 위해 시장조사나 광고를 포함한 모든 활동이나 사업[1]"이라고 설명하고 있으며, 주로 마케팅 활동에 중점을 둔 정의를 하고 있다.

마케팅과 직접적인 연관성이 높은 기관에서 보는 관점은 어떨까? 미국 마케팅 협회American Marketing Association에서 지원하는 '공용 마케팅 용어 사전[2]'에서는 "마케팅이란 고객, 클라이언트, 파트너, 크게는 사회를 위해 가치 있는 제안을 만들고, 소통하고, 전달하고, 교환하는 활동, 일련의 기관, 프로세스[3]"라고 정의하고 있다. 다소 긴듯한 문구이지만 여기서 가장 주목해 볼 부분은 "고객을 위한 가치 있는 제안[4]"이다. 활동보다는 고객을 위한 가치에 중점을 두고 있다는 것을 알 수 있다.

마지막으로 '마케팅의 아버지'라 불리는 세계적인 마케팅 그루인 필립 코틀러Philip Kotler 교수는 케빈 래인 켈러Kevin Lane Keller와 같이 쓴 '마케팅 매니지먼트Marketing Management'라는 저서에서 마케팅을

---

[1] | "The action or business of promoting and selling products or service, including market research and advertising"
[2] | 'Common Language Marketing Dictionary; marketing-dictionary.org'
[3] | "Marketing is the activity, set of institutions and processes for creating, communicating, delivering and exchanging offerings that have value for customers, clients, partners, and society at large."
[4] | "offering that have value for customers"

"이익을 내며 원하는 것을 맞춰주는 것[5]"이라고 아주 짤막하게 정의하였다. 여기서 말하는 원하는 것이란 고객이 필요로 하는 것을 의미하며, 결국 코틀러 교수도 고객의 중요성을 강조하고 있음을 알 수 있다.

마케팅Marketing이란 마켓Market이라는 단어에 하는 행위를 뜻하는 접미사 '~ing'가 붙여진 것으로 단어 자체로도 '마켓에서 행하는 것'이란 의미를 갖는다. 결국 마케팅 활동의 중심지가 마켓, 즉 시장이라는 당연한 얘기가 나올 수 있으며, 시장을 형성하는데 가장 필요한 요소가 시장을 찾는 고객이기에 나는 고객의 중요성을 강조한 미국 마케팅 협회나 필립 코틀러 교수가 정의한 마케팅 개념을 선호한다. 이런 측면에서 고객에 대한 보다 깊이 있는 이해를 구해 보고자 한다.

---

5 | "meeting needs profitably"

고객은 어떻게 변해 왔는가?
- 세대 차이

　마케팅 전략에서 반드시 짚고 넘어가야 할 요소 중 하나가 에스티피STP 전략이다. 이는 시장 세분화Segmentation, 목표시장 선정Targeting, 위상 정립Positioning 등 세 가지 단계로 이루어져 있어 순차적으로 단계별 전략을 수립할 수 있도록 한다. 먼저 시장 세분화 단계에서는 유사한 특성을 나타내는 시장이나 고객집단들로 분리하여 세분화Segmentation 하는 작업이 이루어지며, 이렇게 분리된 집단의 특성을 이해함으로써 적합한 마케팅 전략을 수립할 수 있기 때문에 가장 기본적이면서도 중요한 단계라 할 수 있다. 고객집단의 특성을 분리하는 기준으로는 일반적으로 인구학적, 지역적, 사회적 특성 등 여러 기준이 있으며, 이중 인구통계학적 특성 분석

Demographic Analysis 방식이 가장 많이 활용되어 왔다.

인구통계학적 특성 분석은 하나의 고객집단을 성별, 세대별로 구분하고 필요에 따라 다시 교육 수준, 소득 수준 등으로 세분화하여 유사한 특성별로 그룹을 묶는 방식이다. 우리가 흔히 얘기하는 세대 차이라는 말도 이렇게 구분된 세대별 특성이 상이한 부분을 얘기하고 있는지도 모르겠다.

원시인들이 살던 동굴벽화에도 "요즘 애들은 이해할 수 없어."라는 이야기가 기록되어 있다는 우스갯소리도 있지만, 이는 단순히 웃고 넘길 일은 아니다. 시대가 바뀜에 따라 세대별 특성이 어떻게 변하여 왔고, 또 세대 간에는 어떤 차이가 있는지에 대해 이해하는 것이 마케팅 전략을 수립하고 새로운 사업을 전개하는 데 있어서 반드시 필요한 요소이다.

위키피디아Wikipedia에서는 20세기 100년 동안의 세대 변화를 잃어버린 세대Lost Generation, 가장 위대한 세대Greatest Generation, 침묵의 세대Silent Generation, 베이비붐 세대Baby Boomers Generation, X 세대Generation X, Y 세대Generation Y, Z 세대Generation Z 등 크게 7개의 그룹으로 구분한다. 국가마다 처한 사회적 배경의 차이로 인해 세대의 구분이 다소 달라질 수도 있으나 대체로 큰 흐름은 유사하다. 마케팅 관점에서는 통상적으로 20세기 말 이후 시대별로 변화하는 세대들을 크게 4개의 그룹, 즉 베이비 부머 세대, X세대, Y세대, Z세대로 나눈 방식이 가장 많이 사용되고 있으며, 이 기준에 따른 세대별 특성을 살펴보고자 한다.

1. 베이비 부머 세대 (Baby Boomer Generation; 1946 ~ 1964)

2차 세계대전이 끝나고 전 세계적으로 출생률이 급격히 상승했던 시기에 태어났던 세대로, 미국의 경우 동시대에 약 7,600만 명이 태어났다고 한다. 미국의 황금기에 자라났기에 사회복지의 혜택을 어려서부터 누렸으며, 대학교육도 이전보다 저렴한 비용으로 받는 등 그 어느 세대보다 윤택하게 살았다. 이제는 전 세계적으로 베이비 부머 세대가 은퇴하기 시작하면서 사회 전반에 걸쳐 커다란 변화를 가져올 것으로 예상하고 있다.

2. X세대 (Generation X; 1964 ~ 1980)

물질적인 풍요 속에서 기성세대와 다르게 남들과 차별화되는 나만의 개성을 중시한 세대로, 캐나다 작가 더글라스 커플랜드$_{Douglas\ Coupland}$의 소설 'X세대$_{Generation\ X}$'에서 유래되었고, 이후 세대들도 알파벳 순으로 명명하게 되었다.

3. Y세대 (Generation Y; 1980 ~ 1995)

2010년 이후 사회에 진출하기 시작한 세대이기에 밀레니얼 세대$_{Millennial\ Generation}$라고도 한다. 베이비 부머 세대 보다 X세대 출산율이 떨어졌으나, Y세대에서는 출산율이 다시 상승하여 제2의 부머라는 의미로의 에코 부머$_{Echo\ Boomers}$ 세대라고도 불리었다. 어려서부터 컴퓨터 등 디지털 기기를 접할 기회가 많았던 세대이다.

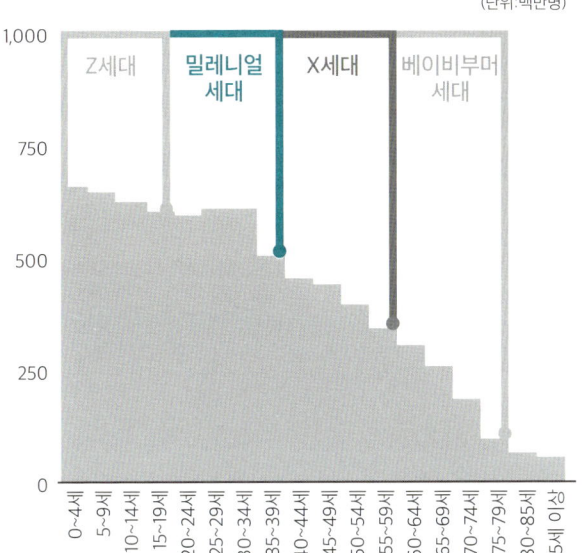

그림 20. 전 세계 주요 세대별 인구분포(2019년 전망) (출처: OECD Stat, 삼정KPMG 경제연구원 "Samjong INSIGHT Vol.66 신(新)소비 세대와 의·식·주 라이프 트렌드 변화")

4. Z세대 (Generation Z; 1995 ~ 2009)

Y세대가 아날로그 기기와 디지털 기기를 동시에 접해본 세대라면, 이 세대는 태어나서부터 인터넷을 접하고 디지털 기기 사용이 자연스러운 세대로, 디지털 네이티브 Digital Native 로도 불린다.(최근 Z세대 이후 태어난 세대를 알파 세대 Generation α 라 칭하고 이에 대한 분석들이 나오기 시작했다.)

이렇듯 시대별 특성에 맞게 그룹화된 세대들은 여러 분야에서 다양한 관점으로 그 특성을 분석하고 활용하고 있다.

예를 들어 마케팅 정보를 제공하고 있는 나스미디어nasmedia에서 발표한 '2018 NPR 타깃리포트 - XYZ세대 디지털 미디어 이용형태' 보고서에 따르면, X세대는 1990년대 대중문화의 부흥을 이끌며 전통적인 미디어의 영향을 많이 받았지만 디지털 미디어에 민감한 세대로, Y세대는 최초의 디지털 네이티브인 동시에 아날로그 감성을 지닌 세대로 정의했다. 또한 Z세대는 인생 자체가 디지털인 세대로 특징 짓는다.

이러한 특성을 바탕으로 세대별 미디어 서비스, 온라인 쇼핑 서비스, 동영상 서비스, 모바일 서비스, SNS 서비스 이용형태를 분석하고, 세대별, 미디어별 이용 특징을 정리함으로써, 새로운 마케팅 전략을 수립하거나 사업 기회를 모색하는 사람들에게 유용한 정보를 제공한다.

컴퓨타센터Computacenter에서는 세대별 2015년과 2020년까지 5년간 근로 비중의 변화를 보여준다.

이 그림 21에서 보는 바와 같이 2015년 현재 근로 비중의 대부분(76%)을 차지하는 부분이 베이비 부머 세대와 X세대라면, 2020년에는 그 비중이 Y세대와 Z세대로 많은 부분 넘어가 거의 50%에 육박하는 수준이 될 것이라 예측하고 있다.

이는 단순히 비중의 증가만을 의미하는 것은 아니며, 이를 바탕으로 두 세대를 묶은 디지털 네이티브들이 경제활동력의 증가를 바탕으로 다양한 분야에서 많은 영향력을 미칠 것으로 예상한다.

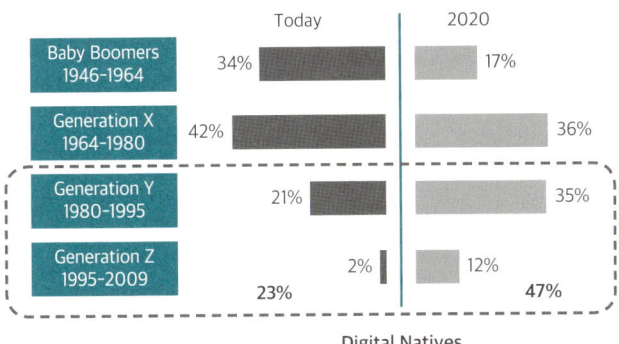

그림 21. 세대별 근로비중 비교 (출처: https://computacenterblogs.com/2015/10/16/digital-natives-the-future-dominant-in-the-workplace/)

이러한 이유로 인해 최근 디지털 네이티브에 대한 전략적 중요도가 증가하고 있으며, 이에 대한 연구분석 결과들이 계속 나오고 있다. 이 부분은 뒤에서 다시 한번 상세히 다루고자 한다.

한국의
세대변화

앞에서 본 세대변화 추세를 우리나라에 접목해 보면 시기적인 차이는 있으나, 전체적인 흐름은 거의 유사하다. 우리나라 베이비 부머 세대는 한국전쟁 이후 출산율이 급증한 1955년부터, 산아제한 정책 도입으로 출산율이 둔화되기 시작한 1963년까지 9년 동안 출생한 세대를 일컫는다. 통계청이 집계한 인구추이 자료에 따르면 베이비 부머 세대는 2010년 기준 약 713만 명 정도로 추정한다.

다음 단계인 X세대는 미국 등 선진국과 시기적으로 유사한 1960년대 중반에서 1970년대 시기에 태어난 세대로, 2017년 산업연구원에서 발표한 '우리나라 각 세대의 특징 및 소비구조 분석' 보고서에서는 포스트 베이비 부머 세대라 칭하며, 다른 세대와 달

주요 세대의 국내외 구분 기준

글로벌 기준	베이비 부머 세대	X세대	밀레니얼 세대	Z세대
출생연도	1940~1964년생	1965~1980년생	1981~2000년생	2001년 이후 출생
2019년 시점의 연령	55~79세	39~54세	19~38세	0~18세

한국 기준	베이비 부머 세대	X세대	밀레니얼 세대	Z세대
출생연도	1955~1963년생	1970~1980년생	1981~1996년생	1997년 이후 출생
2019년 시점의 연령	56~64세	39~49세	23~38세	0~22세

그림 22. 세대별 연령대 비교 (출처: 삼정KPMG 경제연구원 "Samjong INSIGHT Vol.66 신(新)소비 세대와 의·식·주 라이프 트렌드 변화")

* 주: 국내 세대 중 1964~1969년 출생자의 경우, 통상적으로 '386세대(1960년대 출생자)'로 일컬어지는 세대에 포함됨

리 이 세대에서 보이는 이중적 특징을 설명하고 있다. 즉, 1960년대 태어닌 소위 386세대는 1995년 외환위기가 오기 전에 사회진출을 하여 큰 어려움이 없었던 반면, 1970년대에 태어난 X세대는 외환위기로 인해 사회진출에 많은 어려움을 겪음으로써 개인주의적 성향이 더 강해진 면이 있다고 한다.

1980년대부터 1990년대 중반에 태어난 밀레니얼 세대(혹은 Y세대)는 10대 시절에 경험한 아날로그적 감성과 이후 각종 디지털 기기와 인터넷의 발전을 체험한, 다시 말해 아날로그와 디지털 경험이 혼재되어 있는 세대라 할 수 있다. 마지막으로 90년대 중반부터 2010년대에 태어난 Z세대는 태어나면서부터 디지털만을 경험한

세대로, '급식체(급식을 먹는 초, 중, 고 10대 학생들이 자주 사용하는 문체)'를 사용하는 세대로도 알려져 있다.

한때 트위터Twitter에서 네티즌들에게 뜨거운 반응을 얻었던 세대 구별법으로, "머리부터 발끝까지~"하면 자동으로 나오는 다음 가사가 무엇이냐는 질문에, 가수 김종국의 노래가사인 "~다 사랑스러워"라고 하면 X세대, 걸그룹 포미닛의 가사인 "~핫이슈"라고 하면 Y세대, CF 광고 노래인 "~오로나민씨"라고 대답하면 Z세대라고 한다. 같은 가사를 보고도 떠올리는 노래가 다르다는 것 자체가 세대 간 차이를 보여주는 재미있는 세대 구별법인 것 같다.

이외에도 앞에서 언급한 'XYZ세대 디지털 미디어 이용행태' 보고서에 의하면 XY세대는 검색을 위해 인터넷을 이용하는 반면, Z세대는 엔터테인먼트를 위해 인터넷을 이용한다고 나타났다. 동영상 콘텐츠를 유튜브Youtube를 통해 보는 유형은 XYZ세대 공히 유사하나, 주로 보는 콘텐츠에서는 차이를 보인다. 즉, X세대는 완결된 콘텐츠를, Y세대는 TV 방송영상 클립 및 실시간 생중계를, Z세대는 1인방송/다중채널 네트워크Multi-Channel Network 방송 및 웹 전용 콘텐츠 이용을 타세대 대비 많이 보는 것으로 나타났다.

SNS 이용률과 모바일 게임 이용률은 Z세대가 가장 높게 나타났고, 모바일 중심 온라인 쇼핑은 Y세대가 가장 적극적으로 이용하고 있는 것으로 나타났다. 모바일 쇼핑 서비스의 경우 XY세대는 11번가를 주로 이용하고, Z세대는 쿠팡을 많이 사용하고 있다고 한다. 또한 X세대가 유료 콘텐츠 서비스 이용률이 가장 낮은 것으로 나타났다.

　이렇듯 다양한 분야에서 나타나는 세대별 특징의 차이점을 통해 고객들이 무엇을 선호하고, 무엇을 많이 이용하는지 등을 더욱 쉽게 이해할 수 있다. 지금도 수많은 조사를 통해 시대에 따라 변하는 세대 간 특징들을 분석하고, 새로운 소비집단으로 세분화하는 등 다양한 시도가 활발히 이루어지고 있다. 이렇듯 고객을 이해하고 이에 맞는 마케팅 전략을 많은 기업이 시행하고 있으며, 이 부분에 대해서는 뒤에서 사례 중심으로 좀 더 상세히 다루어 보고자 한다.

04

세대만 변하는 걸까?
– 한국 가구구성의 변화

앞에서 살펴본 세대의 변화 외에도 이들 세대가 어떠한 가구 형태를 구성하고 살고 있느냐는 점도 주목해야 하며, 이것은 고객을 이해하는데 있어 매우 중요한 부분이다. 이런 정보는 통계청에서 제공하는 보고서 자료를 통해 쉽게 얻을 수 있다.(시기적인 차이는 있겠지만 거시적 관점에서의 흐름은 다른 국가, 특히 선진국에서도 유사하게 나타난다.)

통계청에서는 5년마다 인구주택 총 조사를 하고 이를 바탕으로 조사를 한 시점부터 인구동향은 50년 후, 가구동향은 30년 후까지의 전망을 정리한 '장래인구추계' 및 '장래가구추계' 결과를 발표한다. 2015년에도 인구주택 총 조사를 하고, 이를 토대로 '장래인구추계(2015-2065년)'와 '장래가구추계(2015-2045년)' 보고서를 발표하였다. 특이한 점은 저출산 현상이 심각해지는 현 상황을 반영하여 2019년 3월 '장래인구특별추계(2017-2067년)' 보고서를 통해 이례적으로 특별추계를 공표하였다는 것이다. 또한 2021년 예정되었던 인구추계 보고서를 2년 앞당겨 특별추계로 발표한 점만 보더라도 우리나라 저출산 현상이 얼마나 심각한지 알 수 있다. (이런 종류의 보고서들은 통계청 홈페이지에 가면 쉽게 다운로드 받을 수 있다.)

2002년 장래 우리나라의 가구 규모 및 가구 유형을 전망한 추계 보고서를 처음 발표한 이후, 2015년부터 30년 후인 2045년까지 가구 변화를 전망한 '제4차 장래가구추계 보고서'를 2017년 4월 발표

(단위: 만가구, %)

		가구					연평균 변화	구성비				
		2015	2017	2025	2035	2045		2015	2017	2025	2035	2045
계		1,901.3	1,952.4	2,101.4	2,206.7	2,231.8	11.0	100.0	100.0	100.0	100.0	100.0
친족가구	계	1,362.0	1,373.4	1,403.9	1,416.5	1,392.8	1.0	71.6	70.3	66.8	64.2	62.4
	부부	295.2	313.0	384.9	456.0	474.2	6.0	15.5	16.0	18.3	20.7	21.2
	부부+자녀	613.2	593.3	507.5	424.8	354.1	-8.6	32.3	30.4	24.2	19.3	15.9
	부+자녀	53.5	57.0	67.2	73.8	75.1	0.7	2.8	2.9	3.2	3.3	3.4
	모+자녀	151.7	155.7	163.1	160.5	150.6	0.0	8.0	8.0	7.8	7.3	6.7
	3세대 이상[1]	103.4	100.0	85.9	74.6	64.5	-1.3	5.4	5.1	4.1	3.4	2.9
	기타[2]	145.0	154.5	195.3	226.7	274.3	4.3	7.6	7.9	9.3	10.3	12.3
1인가구		518.0	556.2	670.1	763.5	809.8	9.7	27.2	28.5	31.9	34.6	36.3
비친족가구		21.4	22.7	27.4	26.8	29.1	0.3	1.1	1.2	1.3	1.2	1.3

1) 부부+미혼자녀+부(모), 3세대이상 기타
2) 가구주+형제자매(기타 친인척), 1세대 기타, 부부+부(모), 부부+자녀+부부형제자매, 조부(모)+손자녀, 2세대 기타

표 1. 주요 가구유형별 가구, 2015-2045 (출처: 제4차 장래가구추계 보고서)

하였다. 이 보고서에 따르면 2015년 총가구 수는 1,901만 가구이며, 2043년 2,234만 가구까지 증가한 후, 2045년 2,232만 가구로 감소할 것으로 전망하고 있다. 가구 유형을 보면 2015년 현재 부부+자녀 가구가 32.3%로 가장 높고, 1인 가구가 27.2%로 그 뒤를 따르고 있으나, 2045년에는 1인 가구가 36.3%, 부부가구가 21.2%로 증가하는 반면 부부+자녀 가구는 15.9%로 급격히 줄어들 것으로 전망하고 있다.

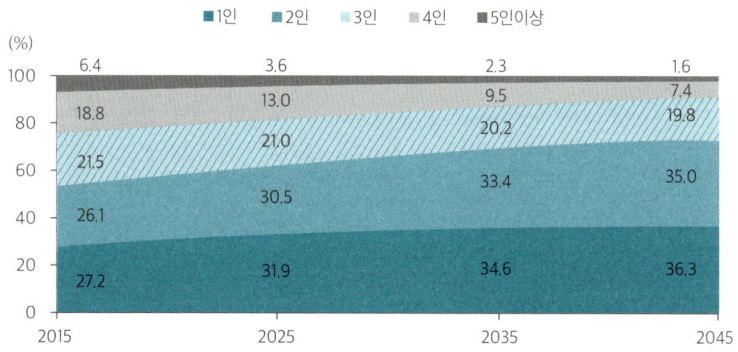

그림 23. 가구원 수 별 비중변화 (출처: 통계청 장래가구추계 (2015~2045년)

이를 가구원 수 별 비중으로 볼 경우, 2015년 1인 가구가 27.2%로 가장 많은 비중을 차지하고 있으며, 2인 가구 26.1%, 3인 가구 21.5%, 4인 가구 18.8% 순으로 나타났다. 2045년에는 1인 가구가 36.3%, 2인 가구도 35%까지 증가하는 반면, 4인 가구 비중은 7.4%로 감소할 전망이라고 한다. 다시 말해 2045년에는 1인 또는 2인가구가 전체 가구의 70%를 넘을 정도로 3가구 중 2가구 이상이 1인

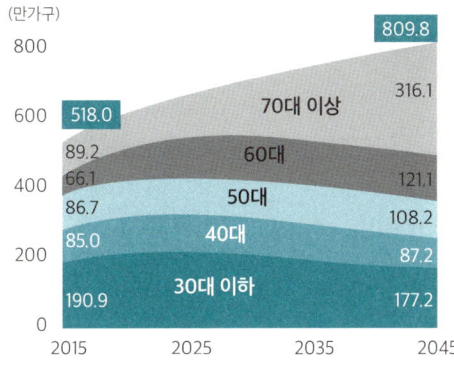

그림 24. 1인가구 연령별 전망, (출처: 통계청 장래가구추계 (2015~2045년))

또는 2인 가구가 될 것으로 예측하고 있으며, 이 점은 우리에게 시사하는 바가 매우 크다.(10년 전 조사에서는 4인 가구가, 5년 전 조사에서는 2인 가구가 가장 높은 비중을 차지하였던 점을 볼 때, 우리나라 가구 당 가구원 수가 빠르게 줄고 있음을 알 수 있다. 또한 이미 여러 분야에서 1인 가구를 타깃으로 새로운 사업이나 마케팅을 발 빠르게 전개하고 있음을 봐도 알 수 있다.)

이러한 가구 유형별, 가구원 수별 구성의 변화를 연령대별로 세분화해 보면 좀 더 흥미로운 사실을 알게 된다. 1인 가구 연령별 전망 그래프에서 보는 바와 같이(그림 24), 1인 가구라 하더라도 30대 이하 1인 가구는 2015년 191만 가구에서 2045년 177만 가구로 줄어드는 반면, 40대 이상 1인 가구는 327만 가구에서 633만 가구로 2배 가까이 증가하며, 특히 70대 이상 1인 가구 규모가 89만에서 316만으로 급격히 증가함을 볼 수 있다. 이 전망대로라면 앞으로 60대 이상 1인 가구를 타깃으로 한 사업 기회가 훨씬 많아질 것

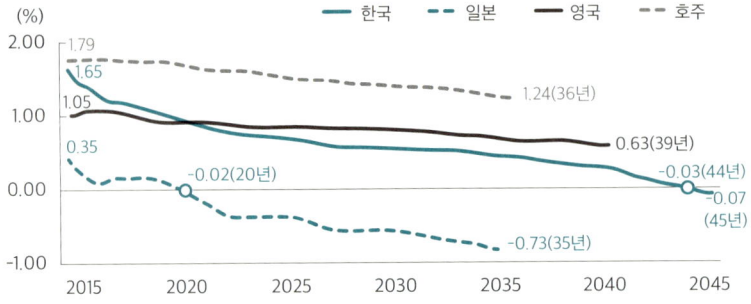

그림 25. 국가별 가구증가율 전망 (출처: 통계청 장래가구추계 (2015~2045년)

은 분명해 보인다.

또 다른 측면을 살펴보면 가구주의 변화가 주는 메시지도 흥미롭다. 가구주가 65세 이상인 고령자 가구는 2015년 366만 가구(19.3%)에서 2045년 1,065만 가구(47.7%)로 증가할 것으로 전망하고 있으며, 성별 비중에 있어 여성 가구주는 2015년 559만 가구에서 2045년 853만 가구로, 29%에서 38%까지 증가한다. 가구주의 혼인상태를 보면 배우자가 있는 가구의 경우 2015년 1,212만 가구에서 2045년 1,099만 가구로 비중이 64%에서 49%로 떨어지는 반면, 상대적으로 미혼, 이혼, 사별 등으로 인해 배우자가 없는 가구주의 비중이 50% 이상 차지할 전망이다.

국가별 가구 증가율 전망을 비교해 보면(그림 25), 일본은 2020년부터, 한국은 2044년부터 마이너스Minus 성장을 할 것으로 전망하며, 1인 가구 구성비에 있어서도 2035년 기준 한국은 35% 수준으로 일본(37.2%)보다 낮으나, 영국(31%), 캐나다(30%), 호주

(27%), 뉴질랜드(27%)보다 높은 수준을 보인다.

　XYZ세대 등 세대의 변화에 대한 자료나 보고서는 상대적으로 쉽게 접할 수 있지만, 이들이 구성하는 가구의 형태 변화에 관해 설명하는 자료를 찾기는 쉽지 않다. 따라서 통계청에서 제공하는 '장래가구추계' 보고서는 이런 측면에서 아주 유용한 자료라 생각된다. 국내 가구추이를 분석하고 이를 사용 가능한 타 국가 자료들과 비교 분석해 본다면 더욱 깊이 있는 정보Insight를 발견할 수 있을 것이다.

고령사회

　통계청은 이례적으로 2019년 3월 28일 '장래인구특별추계(2017-2067년)' 보고서를 발표하고, 저출산과 고령화로 인해 15세 이상 64세 미만 생산 가능 인구 비중이 2067년 절반 이하(45%)로 떨어진다는 충격적인 결과를 내놓았다. 또한 65세 이상 고령인구가 2067년 1,828만 명으로 생산연령인구 1,784만 명을 넘어설 것이라는 전망도 내놓았다. 이에 따라 생산연령인구 1백명 당 부양해야 할 유소년, 고령인구를 나타내는 총 부양비는 2017년 36.7명(이중 노인 18.8명)에서 2067년 120.2명(이중 노인 102.4명)까지 증가할 것으로 예상한다.

　사실 고령사회 문제는 우리나라뿐 아니라 선진국들 모두가 고민하는 부분이며, 이를 반영하듯 유엔UN에서는 65세 이상 인구가 전

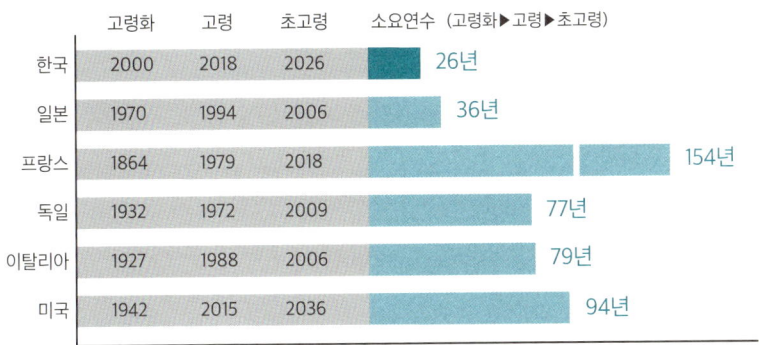

그림 26. 주요 국가별 인구 고령화 속도 비교 (출처: 보건사회연구원, 보건복지퍼럼)

체인구에서 차지하는 비중이 7% 이상이면 고령화 사회, 14% 이상이면 고령사회, 20% 이상이면 초고령 사회로 분류하고 있다. 이 분류기준에 의하면 우리나라는 2000년 고령화 사회로 이미 진입하였으며, 18년만인 2018년에 고령사회가 되었고, 2026년에는 초고령 사회로의 진입을 전망하고 있다. 초고령 사회로의 진입속도를 국가별로 비교해 보더라도 지금까지 가장 빠르게 초고령 사회로 진입했던 일본의 36년보다 10년 빠른 26년 만에 진입할 것으로 보고 있다.(2019년 발표한 '장래인구특별추계(2017-2067년)' 보고서에서는 우리나라가 이미 2017년 고령사회가 되었고, 2025년 초고령 사회로 이전 예측보다 1년 앞당겨질 것으로 보고 있다.)

한국개발연구원(KDI) 이재준 선임연구위원은 2019년 4월 18일 KDI 정책포럼에서 '고령화 사회, 경제성장과 대응방향' 보고서를 통해 우리나라 고령화는 OECD 국가 중 가장 빠르게 진행되고 있으며, 이로 인해 30년 후 한국의 경제 성장률이 1%까지 떨어질 수 있다는 분석을 내놓았다. 더불어 노인 인구의 경제활동 참가율을 높여 성장 둔화에 대응해야 한다고 조언했다.

특히 이 선임연구위원은 "저출산이 심각한 사회경제적 문제라는 점은 분명하나 출산율 제고가 현재 당면한 고령화 문제를 직접적으로 해결하는 방법은 아니다."라며 "향후 우리 경제의 장기적 성장추세의 개선을 위해서는 생산 가능인구 연령대의 경제활동만으로는 불충분하며 고령인구의 적극적인 경제활동 참가가 필요하다."고 강조했다. 또한 정년제 폐지, 평생 교육훈련 모델개발 등의 방안을 마련해야 한다고 제안했다.

이러한 추세를 반영하듯 조지프 F 코글린(Joseph F. Coughlin)[6]은 '노인을 위한 시장은 없다.'라는 저서를 통해 "이제 밀레니얼 세대에 쏟아붓는 열정으로 시니어 고객의 욕구를 파헤쳐야 한다."고 말하며, 베이비 붐 세대가 본격적으로 노년에 들어서고 있는 현시점에서 여전히 많은 사업기획과 마케팅이 젊은 세대에 집중되고 있음을 지적했다. 이미 많은 시니어들이 우버(Uber), 인스타카트(Instacart), 아너(Honor)와 같은 서비스를 이용하고 있으며, 인터넷과 컴퓨터에 익숙함은 물론 여유 있는 경제력을 가진 강력한 집단으로써, 시니어 고객층을 확보하기 위해서는 노인으로 취급하는 왜곡된 개념을 탈피하

---

6 | Joseph F. Coughlin : 50세 이상 인구를 위한 기술과 디자인을 연구하는 MIT 에이지랩 창립자이자 책임자

고, 시니어 관점에서 다양한 욕구를 충족시킬 수 있는 방법을 찾아야 한다고 강조했다.

디지털 네이티브 대
디지털 이미그란트
(Digital Native vs Digital Immigrants)

　미국의 교육학자 마크 프렌스키Marc Prensky는 2001년 발표한 '디지털 네이티브, 디지털 이미그란트[7]'란 논문에서 "디지털 네이티브는 디지털 언어와 장비를 마치 특정 언어의 원어민처럼 자유자재로 구사한다."라고 설명하며, 디지털 네이티브라는 말을 처음 사용하였고, 이전 세대를 디지털 이미그란트라고 비교하여 칭하였다. 앞에서 다룬 세대와 접목해서 보면, 다소 관점에 따른 차이는 있겠지만, 대체로 디지털 네이티브는 Y, Z세대를, 이와 대비되는 디지털 이미그란트는 베이비 부머와 X세대로 구분 짓고 있다.

7 | 'Digital Native, Digital Immigrants'

- Adopters of the web technologies
- Prefer to talk in person
- Logical learners
- Focusing on one task at a time
- Prefer to have interaction with one or few people rather than many
- Get info from traditional news sites

- Born during or after the digital age
- Always on, attached to a phone or other device
- Intuitive learners
- Multitask and rapidly task-switch
- Extremely social
- Multimedia oriented

그림 27. "Digital Immigrants vs Digital Natives: Closing the Gap" (출처: Unicheck Blog)

유니체크Unicheck 블로그에 실린 글을 보면 디지털 네이티브와 디지털 이미그란트 간의 특징 차이를 쉽게 이해할 수 있다.

디지털 네이티브는 1980년대 개인용 컴퓨터, 1990년대 휴대전화, 인터넷 등 디지털 기술이 대중화되는 디지털 시대Digital Age에 태어나고 자라난 세대이다. 항상 디지털 기기를 가지고 다니며, 특정 언어의 원어민처럼 디지털 언어와 기기를 자유자재로 다룰 수 있는 특징을 보인다. 이에 반해 디지털 이미그란트는 마치 외국어를 구사할 때 모국어의 억양이 남아 있는 것처럼 디지털 언어나 기기를 사용할 때 아날로그 시대의 흔적이 남아있는 특성이 있다.

또한 디지털 네이티브는 성장하는 동안 엄청난 양의 정보를 접하면서 멀티태스킹Multitasking, 병렬처리Parallel Processing 등에 익숙해

져 다양한 일을 동시에 처리할 수 있다. 소셜 네트워킹 서비스SNS[8]의 발달로 지극히 개인주의적 성향을 갖고 있으면서도, 가상의 공간에서는 적극적으로 자신의 의견을 나타내고, 상대방과의 관계Networking를 늘려나가는 활동을 활발하게 한다. 반면 디지털 이미그란트는 한 가지 일에 집중하는 스타일이며, 다수의 사람보다는 소수의 지인과의 관계를 중시하는 경향을 나타낸다고 한다.

그림 28. 페르소나 이미지

매일경제신문에서 페르소나Persona[9] 기법을 활용하여 디지털 네이티브로 대표되는 가상의 인물(그림 28 참조), 20대 대학생 김하늘(가명)의 생활을 묘사한 적이 있다. 이 기사를 보면 김하늘은 스마트폰, 넷북 등 디지털 신제품이 나오면 바로 사지 않고는 못 배긴다. 등굣길에 지하철 안에서 귀에는 이어폰을 꽂고, 스마트폰으로 영화도 보고, 뉴스도 읽고, 재미있는 사진이나 기사를 첨부해 친구에게 보내기도 한다. 전공 서적은 직접 가지고 다니는 것이 아니라 인터넷 서점에서 다운받아 보고, 노트 필기는 넷북으로 한다.

한마디로 대부분의 생활이 디지털로 시작해서 디지털로 끝나는 세대이다. 유행에 민감하고, 직관적이며, 깊이 생각하기보다는 즉

---

8 | SNS : Social Networking Service
9 | Persona : 사회역할이나 배우에 의해 연기되는 등장인물

각적인 반응을 보이고, 혼자 즐기기를 좋아하면서도 SNS로 끊임없이 다른 사람들과 소통하고 관계 맺기를 이어간다. 불확실한 미래를 대비하기보다는 현재를 즐기는, 그래서 일상 자체를 놀이나 게임처럼 인식하여 지루하고 따분한 일보다는 도전적이고 재미있는 일에 더 적극적으로 몰입하는 특성을 보이는 것 또한 이전 세대와는 다른 모습이다.

디지털 네이티브는
B급 문화를 좋아한다

    가수 싸이는 2012년 7월 그의 여섯 번째 정규앨범 '싸이6甲 Part 1'을 내놓으면서, 이 앨범의 타이틀 곡인 '강남 스타일'의 뮤직비디오를 유튜브에 공개했다. 이때만 해도 이 곡이 전 세계적으로 대히트를 칠 것이라고는 상상하지도 못했다. 그러나 이 뮤직비디오는 공개 후 40일이 되는 8월 22일에 대한민국 가수로는 최단기간으로 조회수 5,000만 건을 넘기는 기염을 토했다. 또한 공개 52일 만에 조회수 1억 건을 넘기며, 단일 콘텐츠로 유튜브 1억 건을 돌파하는 새로운 기록을 세웠다.(그동안 유튜브 조회수가 가장 많았던 국내 동영상은 걸그룹 소녀시대의 뮤직비디오 'Gee'로, 3년 넘게 쌓은 조회수를 단 50여 일 만에 돌파한 것이다.)

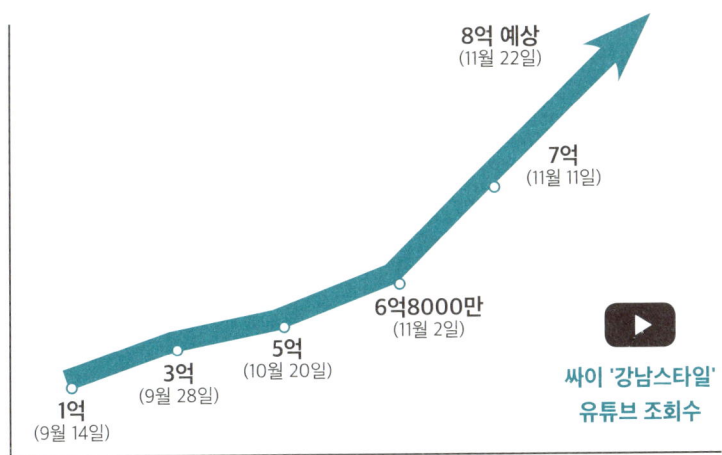

그림 29. 싸이 강남스타일 유튜브 조회수 증가 그래프

　이러한 돌풍은 국내뿐 아니라 해외에서도 급속도로 퍼져 나갔으며, 세계적인 팝스타뿐 아니라 많은 내, 외국인들이 SNS를 통해 '강남스타일'을 소개했다. 해외에서도 한글로 된 노래를 따라 부르며 만든 패러디 영상들도 유튜브에 계속 올리는 등 전 세계적으로 강남스타일 열풍이 뜨겁게 달아올랐다. 대중들로부터 받은 폭발적인 인기 덕에 싸이는 미국 TV 생방송에 출연하고, 미국의 대형 음반사와 계약 하는 등 세계적인 스타가 되었으며, K팝 역사에 커다란 업적을 남겼다.

　그렇다면 데뷔 12년 차 남자 솔로 가수로 기존의 K팝을 대표해 온 화려한 외모의 아이돌 그룹도 아닌, 그저 좀 남달랐던 평범한 외모의 한국 가수 싸이가 어떻게 이런 엄청난 인기를 얻게 되었고,

세계적인 대스타 대열에 오를 수 있었을까? 이에 대한 분석은 다양한 관점에서 많은 해석이 나오고 있지만, 나는 두 가지 요인이 크게 작용했다고 생각한다.

첫째는 유튜브라는 동영상 콘텐츠 플랫폼Platform을 들 수 있다. 강남스타일이 공개되었던 2012년, AGB닐슨미디어리서치는 'Music 360'이라는 보고서를 발표하며, 미국의 10대들이 음악을 듣는 경로는 유튜브 64%, 라디오 56%, 아이튠즈 53%, CD 50% 순으로, 유튜브가 가장 높다고 전했다. 유튜브는 미국뿐 아니라 전 세계 10대들이 가장 많이 이용하는 음악 플랫폼이며, 따라서 대중음악 유행도 가장 빨리 확산되는 서비스이다. 이러한 이유로 싸이가 소속되었던 YG엔터테인먼트 기획사는 싸이뿐 아니라, 빅뱅, 2NE1 등 다른 소속 가수들의 노래도 유튜브를 활용한 마케팅을 적극적으로 전개하고 있다.

두 번째는 10대, 20대 디지털 네이티브들의 문화 코드 중 하나인 B급 문화와 잘 맞는 콘텐츠였다는 점이다. 강남스타일이 인기를 끌던 당시, 인터넷에서는 '병맛'이라는 단어가 유행했었다. 병맛이란 '병신 같은 맛'의 준말로 '어떤 대상이 맥락 없고 형편없으며 어이없음'을 뜻하는 신조어다. 처음에 상대방을 조롱하거나 비꼴 때 쓰였지만 점차 기발하고 창의적인 행동이나 표현을 보고 '병맛같다'고 칭찬하는 말로 사용되었다. '무도 덕후'들이 있을 정도로 10대, 20대들에게 꾸준한 인기를 끌었던 MBC 예능프로그램 '무한도전' 프로그램도 평균 이하의 남자들이 벌이는 무모한 도전이라는 프로그램 콘셉트로 소위 '병맛 같은' B급 문화를 내세워 인기를 얻은 장수 프로그램이다.

싸이의 '강남스타일'도 이런 측면에서 보면 병맛 같은 뮤직비디오였다. 사실 싸이는 데뷔 때부터 전형적인 노래와 춤을 탈피하고, 재미있고 특이한 이미지를 콘셉트로 대중에게 어필한 가수였다. 그의 데뷔곡인 '새'라는 노래의 '나 완전히 새 됐어'라는 가사에서 알 수 있듯이 10대, 20대들이 즐겨 쓰는 말을 잘 접목한 가사로 이루어져 데뷔 초 '엽기가수'라는 별명을 얻기도 했다. '강남스타일'에서도 싸이는 말춤이라는 독특하고 재미있는 안무와 웃지 않고는 못 배기는 화면 연출로 디지털 네이티브들의 B급 문화 정서를 공략하여 소위 병맛 같은 콘텐츠로 대박을 낼 수 있었다고 생각한다.

정리하면, 디지털 네이티브의 B급 문화 정서에 잘 맞는 뮤직비디오를 만들어, 유튜브라는 동영상 콘텐츠 플랫폼을 통해 전 세계에 전달하고, 이를 주 타깃인 디지털 네이디브에게 홍보를 한 것이다. 더불어, 입소문을 통해 구독자를 끌어 올 수 있는 SNS의 막강한 전파력을 잘 활용하여 성공을 거둔 사례라 할 수 있다.

이러한 B급 문화로 상징되는 조악하고, 싼 티 나지만, 직설적이고, 빵 터지는 재미가 있는 B급 콘텐츠들을 영화, 방송, 공연, 광고 등 다양한 분야에서 쉽게 찾아볼 수 있다. 예를 들어, 2018년 5월 국내 개봉된 할리우드 히어로 영화 '데드풀 2'는 기존의 영웅 캐릭터와는 완전 다른 괴짜 히어로 콘셉트로 '19금 병맛 코미디' 영화를 표방하며 19금 영화임에도 국내에서만 3백 7십만이 넘는 관객

수로 전편을 뛰어넘는 성공을 거두었다. 국내 영화로는 2018년 4월 개봉한 영화 '바람 바람 바람'이 불륜을 소재로 한 '어른들을 위한 B급 코미디'로 1백만이 넘는 관객을 모으며 19금 코미디로는 나름대로 성공을 거두었다.

   이렇듯 기존의 고정관념을 깨고, 가볍고, 유치하고, 촌스럽지만, 한편으론 재미있고 기발한, 그래서 위트 넘치는 B급 문화가 디지털 시대의 주 세력으로 자리 잡고 있는 디지털 네이티브를 이해하는데 반드시 필요한 특성 중 하나이다.

기발한 광고들로
B급 감성을 잡는다

 사실 이러한 B급 감성을 가장 잘 활용하고 있는 분야 중 하나가 광고가 아닌가 싶다. 주로 유튜브나 SNS 등을 기반으로 실행되고 있는 B급 광고들은 기존 TV, 신문, 라디오 매체 등을 통한 통상적인 광고에서 볼 수 있는 상품의 기능이나 장점을 나열하는 방식과는 다르다. B급 정서를 잘 활용하여 유치하고, 우스꽝스럽고, 심지어 끝까지 광고를 보지 않으면 어떤 제품을 광고하고 있는지 모를 정도로 마지막 반전을 만들어내며 디지털 네이티브의 마음을 사로잡는다.

 우리나라 최고권위를 자랑하는 대한민국 광고대상의 최근 수상작들을 살펴봐도 이러한 흐름을 잘 알 수 있다. 1981년 시작된 대한민국 광고대상은 TV, 라디오, 신문, 옥외광고뿐 아니라 온라인 등 뉴미디어까지 포함하여 모든 매체를 아우르는 대한민국 광고계 최고권위의 상이다. 매년 각 광고회사에서 엄선한 수많은 광고 작품들이 출품되고, 엄정한 심사를 통해 대한민국 최고의 광고를 선정한다.

이 광고대상에서 2015년 정부 부처로는 최초로 환경부에서 제작한 공익광고 "쓰레기도 족보가 있다.[10]"가 쟁쟁한 기업의 상업광고를 제치고 영상광고 부문 통합대상을 수상했다. 여기서 눈여겨 볼 점은 대체로 진부한 내용으로 이루어진 기존의 공익광고(특히 정부부처 공익광고들)의 틀을 깼다는 것이다. 환경부에서는 세계적으로 유명한 영화 '스타워즈 에피소드 5: 제국의 역습'에서 악역으로 나오는 다스베이더가 주인공인 루크에게 했던 명대사 "I am your father."를 패러디 한, B급 병맛 광고 4편을 공개했다.(패러디는 B급 콘텐츠 제작에서 가장 많이 이용되고 있는 기법의 하나다.)

그림 30. (출처: 환경부)

이 광고는 재활용을 주제로 캔, 비닐, 우유팩, 빨대 등 4개 시리즈로 제작되었다. 예를 들어 3편에서는 의인화된 아빠 우유팩이 재

---

10 | "I am your father."

활용된 자식, 두루마리 휴지를 보호하며 휴지가 누구냐고 묻자 "I am your father."라는 명대사를 해 반전의 웃음을 주는 내용으로 구성되었다. 광고대상 심사위원들도 이점을 들어 재활용이라는 다소 딱딱한 주제에 대해 광고적 반전과 웃음을 살려 공익광고의 혁명을 이루었다고 평가했다. 처음 이 광고는 국내외 광고 콘텐츠들이 모여있고, 이를 평가하는 광고 정보 사이트 'TVCF'에서 호평을 받았다. 입소문을 타며 더욱 널리 알려졌고, 유튜브 등에서도 많은 조회수를 기록했다. 광고인들과 네티즌들 사이에 화제가 되었으며, 결국 2015년 대한민국 최고 광고 중 하나로 선정되었다..

그림 31. (출처: 배달의 민족 광고)

B급 감성을 살린 기발한 광고를 잘하는 회사라면 나는 '배달의 민족'이라는 배달 서비스 앱으로 유명한 '우아한 형제들'을 먼저 꼽는다. 음식 종류는 회사 간부나 고참이 결정할 수 있겠지만, 결국 그 음식을 주문하는 고객은 사무실 막내 직원이라는 점을 착안하여 광고 타깃 고객을 20, 30대 초반 사회 초년생으로 두고, B급 감성을 자극하는 온라인, 오프라인 광고를 제작하는데 집중했다. 예를 들어 영화배우 류승룡이 전속 모델로 나오는 고구려 무용총 수렵도를 패러디한 "우리가 어떤 민족입니까?"라는 광고는 온라인 매체뿐 아니라 당시 앱 서비스로는 파격적으로 TV 광고를 하며 세간의 이목을 집중시켰고, 수많은 또

다른 패러디를 탄생시키는 등 배달의 민족이라는 브랜드를 고객들에게 확실히 인지시킨 성공적인 광고라 할 수 있다.

이외에도 우아한 형제들은 디지털 네이티브를 겨냥해 다양한 형태로 B급 정서를 자극하는 광고를 한다. 온라인, 잡지, 옥외광고를 시행하며, 배달서비스 시장에서 1위 자리를 확고히 구축하고 있다. 또한 매년 일반인을 대상으로 '배민 신춘문예' 이벤트를 실시하며, 이 행사를 통해 위트 있고 기발한 광고문구를 선발한다. 2019년에도 약 25만 건의 작품이 응모되었으며, 이중 대상작 "아빠 힘내세요. 우리고 있잖아요. - 사골국물", 특별상 "가장 낮은 곳에서 가장 고생했을 당신 - 누룽지" 등 우수 작품을 선정하였으며, 이들을 광고에 활용하고 있다.(고객이 만든 광고 문구를 고객에게 광고하는 색다른 광고 메커니즘이다.) 또 하나, 수상작으로 선정된 작품들에 대해서는 시상금이 아닌 배달서비스 특성에 맞는 제품을 시상품으로 제공하고 있다는 것도 새롭다. 예를 들면 대상 수상작에 대해서는 치킨 365마리를 시상하며, 이는 가장 많은 배달서비스 중 하나인 치킨에 대해 1일1닭 하라는 메시지를 재미있게 전달하고 있는 것이다.

그림 32. (출처: 배달의 민족 치믈리에 자격 시험 현장 사진)

치킨에 대한 마케팅은 이뿐만이 아니다. 2017년 7월 "대한민국 치킨 미각 1%에 도전하라."라는 캐치프레이

즈를 걸고 배민 치믈리에 자격시험을 실시했다. 처음에는 선착순 500명이 응시했고, 그 폭발적인 인기에 힘입어 제2회 대회에는 약 58만 명이 응시하였다. 이중 온라인으로 치른 시험에서 만점을 받은 2만 7천여 명 가운데 추첨을 통해 500명만 본시험 참가 기회를 제공하였을 정도로 엄청난 인기와 화제를 모았다. 치믈리에란 치킨과 소믈리에의 합성어로, 치킨과 관련된 문제를 풀고, 치킨을 먹은 후 어느 브랜드, 어떤 메뉴인지를 맞추는 치킨 전문가를 뽑는 대회이다. 사실 공식적인 인증서가 아님에도 불구하고 많은 사람이 이 치믈리에 자격증을 따고자 참가했다. 이 행사를 통해 배달의민족은 큰 예산 안들이고 엄청난 광고, 홍보 효과를 얻을 수 있었다.

욜로족 대 코스파족

　서울대 소비트렌드 분석센터에서는 매년 국내 소비자들의 주요 트렌드를 전망한 책을 발간한다. 2017년 트렌드를 전망한 '2017 트렌드 코리아'에서 가장 먼저 선정한 트렌드는 욜로YOLO[11]였다. 최근 2, 3년간 이 단어는 많은 사람의 입에서 회자되었다. 욜로라는 말은 2011년 미국의 레퍼 드레이크Drake가 발표한 'The Motto'라는 곡에서 처음 등장했다. 이후 2016년 초 미국 오바마 전 대통령이 재임했을 당시 건강보험 개혁안인 '오바마 케어'의 가입을 독려하기 위해 만든 홍보 동영상에서도 'Yolo, man'이라는 단어가 사용되었다. 욜로란 말 그대로 한 번뿐인 인생을 위해 현재의 행복에 충

---
11 | YOLO : You Only Live Once

그림 33. 욜로족의 주 소비품목 평가표 (출처: 엠브레인 트렌드모니터)

실하자는 의미의 새로운 라이프 스타일을 말한다. 특히 20, 30대 젊은 층들을 중심으로 빠르게 확산되었고, 욜로족으로 불리는 이들은 삶의 질을 높이는데 아낌없이 투자하는 특징을 보인다.

시장조사 전문기업 엠브레인 트렌드모니터가 성인 남녀 1,000명을 대상으로 한 조사에 따르면 욜로족이라고 생각되는 세대로 20대 여성(71.3%)과 30대 여성(66%), 20대 남성(61.2%)과 30대 남성(61.8%)이라는 응답이 많았다. 욜로족이 소비를 많이 할 것 같은 분야로는 해외여행(73.2%)이 압도적이었다. 특히 젊은 층일수록 해외여행(20대 77.2%, 30대 77.2%, 40대 71.2%, 50대 67.2%)을 욜로족을 상징하는 소비 품목이라 답하였다. 다음으로는 취미생활(42.1%)과 패션 제품(40.8%), 음식 및 먹거리(40.1%)에 관심이 많을 것이라고 응답했다.

전 세계 여행 가격비교 사이트 스카이스캐너에서도 한국인 여행객 1,668명을 대상으로 '2017년 여행 버킷리스트' 설문조사를 실시하였는데, 그 결과 여행지를 선택하는 기준으로 비용(21%)이나 지인의 추천(17%) 보다 평소 가고 싶었던 곳(61%) 을 가장 많이 고려하는 것으로 나타났다. 이에 대해 스카이스캐너 한국 시장 담당 매니저는 "자신이 추구하는 가치에 집중하는 소비성향이 확산되면서 해외로 떠나는 사람들이 늘어날 것으로 예상된다."고 밝혔다. (출처: 매경 2017.04.19 기사)

이를 반영하듯 2017년 당시 많은 여행사가 욜로족을 겨냥한 여행상품을 앞다투어 시장에 내놓고 있다. 한 예로 인터파크 투어는 욜로족이 저렴한 비용으로 해외여행을 갈 수 있도록 중국, 동남아, 일본, 미주, 유럽 등 지역별 다양한 여행상품을 파격적인 가격에 판매하는 '지금 이순간! 해외여행 인생특가' 기획전을 선보이기도 했다.

이런 욜로족은 덜 벌고, 덜 쓰고, 덜 일 해도 행복하다며 현재의 최소한의 삶에 안주하는 일본의 '사토리'(일본어로 달관을 의미) 세대와는 다르며, "노세 노세 젊어서 노세"와 같은 단순히 충동적이고, 소비지향적인 성향과는 다르다고 트렌드분석 전문가들은 설

그림 34. 각 대형마트들은 저렴한 가격에 용량을 대폭 늘린 자체 브랜드 상품을 출시해 큰 인기를 얻고 있다. 사진은 이마트 자체 브랜드인 '노브랜드' 상품 진열대

명한다. '2017 트렌드 코리아'에서 김난도 교수는 "저성장, 저물가, 저금리 시대에 불안한 미래에 투자하기보다 현재에 집중하게 되는 건 필연적인 결과"라고 말하며, "욜로족은 현재의 행복을 위해서라면 무모하더라도 도전하고 실천하는 이들"이라고 정의했다. 실제 욜로족 중에는 회사를 그만두고 받은 퇴직금이나 전세금을 빼서 1년 동안 세계 일주 여행을 한다든지, 단지 '포켓몬GO' 게임을 하기 위해 무작정 속초로 떠나기도 한다.

반면 욜로족과는 다른 성향을 보이는 이들도 있다. 이들은 가격 대비 성능, 즉 가성비를 중요시하는 코스파COSPA족으로 가성비를 뜻하는 코스트 퍼포먼스Cost Performance의 일본식 발음에서 따왔다. 코스파족은 효율을 중시하고 저렴한 가격을 최고의 가치로 꼽는 소비 형태를 가진 이들로, 업소용 대용량 제품, 증정 상품, '1+1' 상품, 벌크Bulk 과자 등 양이 많거나 가격이 저렴한 제품에 큰 매력을 느낀다. 저렴한 가격으로 이들 제품을 구매하기 위해 수시로 인터넷을 검색하고, 세일기간까지 기다리는 특징을 나타낸다. 한 끼의 식사를 하는 데도 먹는 즐거움보다는 그저 배를 채우기 위해 싸고 양 많은 음식, 속칭 인간사료를 선택하거나 무한리필 식당을 찾으며, 노브랜드 매장이나 창고형 할인매장 등을 자주 찾는다.

코스파족은 2000년대 초반 일본의 경제불황으로 어려워진 일본의 젊은 세대들의 소비 형태를 의미하며 탄생하였지만, 우리나라에서는 경제력이 없기보다는 절약할 수 있는 부분에서 최대한 지출을 줄이고 더 큰 만족을 얻을 수 있는 부분에 과감한 지출을 하는 성향도 나타나고 있다고 전문가는 설명한다.

어찌 보면 욜로족이나 코스파족 모두 다른 듯하지만 유사한 특성을 보이고 있다고 할 수 있다. 다시 말해. 지출하는 방식이 다르게 보일지는 모르지만 결국 이들은 미래가 불투명한 현 상황에서 현재를 중요시하고, 자신의 행복을 위해 아낌없이 지출한다는 점에서 공통점을 찾을 수 있다. 이렇게 다른 듯 같은 특성을 보이는 욜로족과 코스파족에 대한 마케팅 전략도 어떤 고객층을 타깃으로 하느냐에 따라 신중히 접근해야 할 필요가 있다.

10

싱글족
_ 나 혼자 쓴다

앞에서 살펴보았듯이 우리나라 1인 가구는 2015년 27.2%로 가장 많은 비중을 차지하기 시작했고, 2045년에는 36.3%까지 증가할 것으로 예측하고 있다. 이러한 1인 가구의 증가로 싱글족이라는 고객층의 구매력이 점점 강해지고, 소비패턴에 있어서도 많은 변화를 가져오며, 이로 인해 새로운 형태의 라이프스타일이 나타날 것을 예상할 수 있다.

이전에는 싱글족에 대해 결혼 시기를 놓친 노총각, 노처녀 등 어쩔 수 없이 혼자 산다는 다소 네거티브Negative한 이미지가 있었으나, 최근에는 혼자 사는 것 자체를 즐기는 자발적인 솔로로써 누구의 간섭도 받지 않고 내 공간에서 나만의 시간을 보내는 등 더욱 적극적인 의미로 해석한다. 또한 이들은 수입 전부를 자신을 위해 쓸 수 있는 경제력과 혼자서도 대부분의 일을 처리할 수 있는 디지털 기기 활용능력을 바탕으로 가치와 경험을 중시하는 활발한 소비성향을 나타내고 있다.

　MBC 예능 프로그램 중 하나인 '나 혼자 산다'에서는 출연하는 연예인들이 혼자 사는 일상적인 생활 모습을 가감 없이 보여주며, 시청자들로부터 많은 공감을 얻고 있다. SBS 예능 프로그램인 '미운 우리 새끼'도 혼자 사는 연예인 자식을 둔 어머니들이 출연하여 자식들의 일상생활을 보며 이야기를 나누는 형식의 프로그램으로 인기를 얻고 있다. 이외에도 케이블 채널인 tvN에서는 '식샤를 합시다', '혼술남녀' 등 싱글족을 주제로 한 드라마들을 방영하는 등, 최근 드라마, 영화, 예능 프로그램 등에서 싱글족을 테마로 방영하고 있는 프로그램들이 많이 늘어나고 있는 것만 보아도 현재 싱글족이 새로운 문화 코드로 자리 잡아가고 있음을 알 수 있다.

　이는 우리나라만의 현상이 아니다. 일본에서 2012년 방영을 시작하여 2018년 현재 시리즈7까지 이어지고 있는 인기 먹방 프로그램 '고독한 미식가'는 혼자 사는 즐거움이란 오직 맛있는 음식을 먹는 것이라는 주제를 담았다. 주인공인 싱글남이 여러 식당을 다니며 맛있게 음식을 먹고 행복해하는 모습을 보여준다.(우리나라에서도 여러 채널에서 방영하고 있다.)

　이 프로그램에 나온 "시간과 사회에 얽매이지 않고 행복하게 배를 채울 때 잠시 동안 그는 이기적이고 자유로워진다. 누구에게도

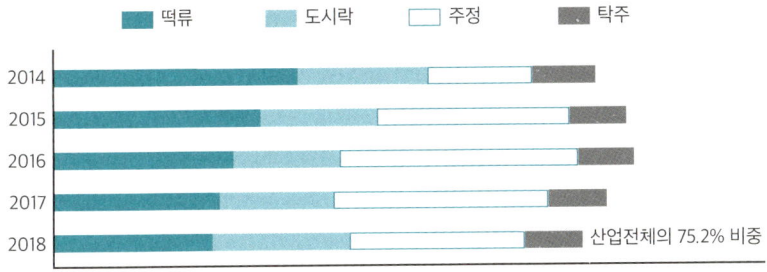

그림 35. 제조업 부문 쌀 소비량 변화 (출처: 통계청, 2018년 양곡 소비량 조사결과)

방해 받지 않고 누구도 신경 쓰지 않으며 음식을 먹는 고독한 행위, 이 행위야말로 현대인에게 평등하게 주어진 최고의 '치유활동'이라 할 수 있다." 라는 대사만 보더라도 혼자만의 삶을 즐기는 미식가의 모습을 잘 느낄 수 있다.

통계청이 발표한 '2018년 양곡 소비량 조사결과'에 따르면 2018년(2017.11월~2018.10월) 우리나라 국민 1인당 양곡 소비량은 69.5kg으로 전년 대비 1.4kg(2.0%) 감소했으며, 81년 이후 지속적으로 감소하는 추세다. 1인당 연간 쌀 소비량도 61.0kg으로 전년 대비 1.3%(0.8kg) 감소했다.(1970년 136.4kg에 비하면 절반도 안 되는 양이다.)

한편 사업체 부문별 쌀 소비량을 보면 식료품 제조업에서 50만여 톤, 음료 제조업에서 약 25만5천 톤으로 총 75만5천 톤의 쌀이 소비되었는데, 특이한 점은 도시락 및 식사용 조리식품의 쌀 소비량이 약 14만7천 톤으로 전년 대비 29% 증가했다는 것이다. 이는 직접 쌀을 조리해 먹는 대신, 가정 간편식 등으로 대체하는 혼밥족이 증가했다는 것을 의미한다.

또한 농림축산식품부와 한국농수산 식품유통공사(aT)가 소비자 3천 명을 대상으로 한 '2017년 외식 소비 형태' 설문조사에서도 나 홀로 외식을 자주 즐기는 사람은 서울에 사는 20대 남성으로 나타났으며, 특히 20대는 나 홀로 외식 횟수가 월평균 6.3회나 되었다.

최근 혼자서 영화를 보는 혼영족도 점차 늘어나고 있다. CGV 리서치 센터에 따르면, 2012년 CGV를 찾은 1인 관객은 전체의 7.7%에 불과했지만 2014년 9.2%, 2016년 13.3%, 2017년엔 17.1%까지 뛰어오르며 지속적으로 성장하고 있다. CGV 회원을 기준으로 혼자서 영화를 본 경험의 비율도 2014년 25.6%, 2015년 29.2%에 비해 2017년 32.9%로 증가했다. 10명 중 3명이 혼영을 경험해 본 것이다.

한 가지 재미있는 사실은 혼영족이 20, 30대들만의 전유물이 아니라는 것이다. 롯데시네마에 따르면 2017년 7월부터 2018년 5월까지 영화관을 찾은 고객 가운데 30대 남녀는 1인 관객이 각각 16.1%, 13.4%를 차지했지만, 60대 이상 남성(13.9%)과 40대 남성(12.8%), 60대 이상 여성(12.1%)의 비중도 높았다는 점이다. 이는 앞에서도 언급한 우리나라 1인 가구 증가율이 60대 이상에서 가장 높게 나타난다는 전망과도 일치하는 부분

그림 36. (출처: KT 멤버십)

이라 할 수 있다. 이런 추세를 잘 활용하여 KT 같은 경우는 최근 KT 멤버십 개편을 통해 혼자 사는 싱글족을 위한 혜택을 확대하였으며, 일례로 VIP 회원에게 한 달에 한번 혼자 영화를 볼 수 있는 서비스를 제공하고 있다.

 5G 무선통신 서비스가 시작되면서 혼자서도 안전하고 편리하게 생활할 수 있는 스마트 홈에 대해 싱글족의 관심이 높아지고 있는 것도 주목해 보아야 할 부분이다. 집에 있는 전열기구나 전기, 전자제품들을 집밖에서도 편리하게 조정할 수 있다든지, 집에 없을 때도 인터넷 쇼핑으로 구입한 물품을 현관 카메라를 통해 원격으로 택배기사와 확인하고, 집안 카메라를 통해 사무실에서도 집에 있는 반려동물을 원격으로 돌볼 수 있다든지, 해외여행으로 장기간 집을 비울 경우 집안 조명을 원격으로 조정하여 마치 집에 사람이 있는 것처럼 하는 등의 경우가 그렇다. 혼자 살기 때문에 하기 어려웠던 일들을 스마트 홈을 통해 해결하며 시간을 절약하고, 안전하고 편리한 생활을 할 수 있다는 점이 삶의 만족도를 올리기 위해 투자를 아끼지 않는 싱글족의 성향과 잘 매칭되고 있다.

11

나의 고객은
누구인가?

국립국어원 표준국어 대사전에 따르면 고객은 "상점 따위에 물건을 사러 오는 사람"이라고 설명한다. 영국 옥스포드 사전에서는 "고객이란 상점 등에서 상품이나 서비스를 구매하는 사람[12]"이라며 국어대사전과 유사하게 설명하고 있다. 미국 마케팅 협회[13]에서는 고객Customer을 "제품이나 서비스를 실제 사거나 살 예정인 사람[14]"이라고 정의하고 있으며, 이 문구 중 "살 예정인 사람prospective purchaser"이라는 부분이 매우 중요한 의미를 갖는다.

다시 말해 상품이나 서비스를 구매하는 현재의 고객뿐 아니라,

---

12 | "Customer is a person who buys goods or services from a shop or business."
13 | American Marketing Association
14 | "the actual or prospective purchaser of products or service"

구매 가능성이 있는 미래의 고객까지 확대해서 보아야 한다. 트렌드 변화에 따라 고객의 특성, 행동 등이 어떤 변화를 가져올지에 대해 분석하고 예측하여, 현재의 고객뿐 아니라 구매 가능성이 높아 보이는 미래의 고객까지 고려한 타깃 고객층이 결정되어야 한다는 의미로 해석할 수 있다.

시대에 따라 고객이 어떻게 변해왔는지에 대해 필립 코틀러 교수는 그의 저서 '마켓 4.0'에서 산업혁명의 변화와 연계하여 설명한다. 기계화 혁명으로 대변되는 1차 산업혁명 시기에는 고객이 필요한 제품을 찾아 구매했고(마켓 1.0), 대량생산이 가능해진 2차 산업혁명 때는 고객이 제품을 선택할 수 있는 폭이 넓어지면서 단순히 제품을 사는 것에 그치지 않고 구매한 제품에서 만족을 찾는 고객 지향적 시장(마켓 2.0)이 형성되었다고 한다. 컴퓨터와 인터넷에 기반한 지식정보 혁명이 일어난 3차 산업혁명 시기에는 고객이 제품을 구매하여 사용함에 따라 그들이 속한 사회, 시장, 환경 등에 어떤 영향이 미치는지를 중요한 가치로 여기는 가치 중시 시장(마켓 3.0)으로 변화하였다고 한다.

또한 디지털 기술의 혁신으로 다가온 4차 산업혁명 시기에는 첨단 하이테크 기술이기에 역설적으로 인간의 감성인 하이터치 High-Touch[15]가 필요한 시장(마켓 4.0)이 형성되며 마켓의 권력이 완전히 고객에게로 이동했다고 말한다.

---

15 | High-Touch : 미국의 미래학자 존 나이스비트가 처음으로 제시한 개념으로 하이테크의 대극에 있는 인간적인 감성을 말한다.

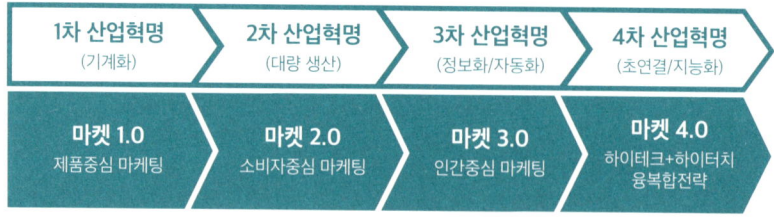

그림 37. 마케팅의 변화 (출처: 필립 코틀러 "마켓 4.0")

따라서 기업은 이러한 변화에 대응하기 위해 고객과의 소통능력, 친밀한 관계 유지, 진정성과 정직성을 갖춘 이미지 등 고객과의 신뢰를 확고히 구축해야 하는 것이 기업생존을 위한 선택이 아니라 필수라고 강조한다. 또한 세계적 트렌드 변화에 영향을 주는 힘의 구조가 '수직적, 배타적, 개별적'에서 '수평적, 포용적, 사회적'으로 변화하고 있으며, 이러한 디지털 시대로 대변되는 마켓 4.0 시대에서는 가장 영향력이 큰 고객집단으로 젊은이, 여성, 네티즌이 부상하고 있다고 전한다.

우리는 앞에서 많은 고객집단의 특징을 살펴보았다. 지난 100년간의 흐름을 통해 베이비 부머 세대, X세대, Y세대, Z세대로 이어지는 세대의 변화를 이해하였고, 각 세대가 가지고 있는 특징을 살펴보았다.

또한 태어나면서부터 디지털 기기를 접하고 이를 자연스럽게 받아드린 디지털 네이티브 세대와 그 이전 세대인 디지털 이미그란트 세대를 비교하며, 최근 대세로 떠오르고 있는 디지털 네이티브 세대가 무엇을 좋아하고, 어떤 소비패턴을 보이는지 알아보았다.

필립 코틀러 교수가 '마켓 4.0'이란 저서에서 마켓 4.0 시대에서 가장 영향력이 큰 고객집단이라고 말한 젊은이, 여성, 네티즌도 결국 디지털 네이티브 세대와 상당 부분 일치한다고 볼 수 있다.

 더불어 1인 가구 증가에 따른 싱글족의 라이프스타일이 기존의 소비문화에 많은 변화를 가져오고 있다는 것도 여러 사례를 통해 알 수 있었다. 이외에 욜로족, 코스파족 등 다양한 고객집단에 대해 알아 보았지만, 앞으로도 새로운 고객집단들이 계속 생겨날 것은 분명한 사실이기 때문에 고객을 분석하고 이해하는 작업은 끝없이 계속 이어질 것이다.

 중요한 것은 지금 나의 고객이 누구인지 분명히 인지하고 있더라도, 시대의 흐름을 지속적으로 파악하고, 나의 고객이 어떻게 변하고 있는지를 끊임없이 확인해야 한다는 점이다. 우리의 고객은 한자리에 머물고 있지 않으며, 항상 변하는 카멜레온과 같은 존재이기 때문이다.

PART 03

아이템 따라잡기

고객은 무엇을 원하는가?

> "열 길 물 속은 알아도 한 길 사람 속은 모른다."는 속담이 있다. 명심보감 성심 편에는 "사람을 알되 그 얼굴은 알 수 있지만, 그 사람의 속마음을 아는 것은 아니다.知人知面不知心"라는 문구도 있다. 구글의 데이터 전문가 세스 스티븐스 다비도위츠 Seth Stephens-Davidowitz는 그의 저서 '모두 거짓말을 한다.(Everybody Lies.)'에서 "페이스북은 친구들에게 내가 얼마나 괜찮게 사는지 자랑하는 디지털 허풍 약이다."라고 기술하며, 특히 SNS와 같은 서비스에서 얻어지는 데이터를 통해서는 사람들이 정말로 좋아하는 것이 무엇인지 판단하기 어렵다고 설명했다. 동서고금을 막론하고 사람의 속마음을 알기가 이렇듯 어려운데 어떻게 고객이 무엇을 원하는지 알아낼 수 있을까?

01

고객여정지도
(Customer Journey Map)

   고객customer이라는 단어는 관세청을 뜻하는 'customs'에서 나왔다고 한다. 18세기 무역업자들은 관세를 징수하는 사람customer에게 극진한 대접을 하고 뇌물을 바쳐, 수입관세를 적게 내고 물건을 통관시켰다. 시간이 흐름에 따라 극진히 대접해야 하는 대상이 회사의 손님으로 바뀌면서 customer라는 단어가 고객이라는 의미가 되었다고 한다.

   기술의 발달로 산업계에 대량생산 체제가 갖추어지면서 공급이 수요를 앞서게 됨에 따라, 고객은 필요한 상품을 선택하여 구매할 수 있게 되었으며, 기업이 고객을 관리하는 기법 또한 이에 맞춰 계속 진화해오고 있다. 제품의 품질과 생산성에 초점을 맞추었던 기업들은 1990년대 들어 고객의 중요성을 인지하고, 고객에게 만족을 줄 수 있는 것이 무엇인가에 대해 고민하는 고객 만족 경영을 시작했다. 이후 고객에 대한 분석을 바탕으로 고객 특성에 맞는 마케팅 활동을 시행하며 고객과의 신뢰 관계를 구축하고 더 나아가 고객이 상품을 구매하기 위해 정보를 탐색하며, 실제 구매하고, 사용하고, 평가하는 모든 과정에 대한 고객의 경험을 체계적으로 분석, 관리하기 시작했다.

이러한 고객의 경험관리 기법으로 많이 사용되고 있는 '고객여정지도Customer Journey Map'라는 툴Tool은 고객이 상품이나 서비스를 구매하거나 사용할 때 경험하게 되는 모든 요소를 고객 활동 단계에 따라 순차적으로 나열하고, 이를 시각적으로 기술하는 기법이다. 이는 뒤에서 설명할 페르소나Persona와 연계하여 작성하는 경우가 많다. 다시 말해 목표로 하는 고객층에 대한 특성들을 바탕으로 가상의 고객(실제 고객이어도 상관없음)을 설정하고, 이 고객이 특정 경험을 하기 위해 기업 또는 상품과 연관된 접점Touch Point에서 어떤 상호작용 과정들을 거치게 되는지를 상세하게 기술하며, 이를 시간적 흐름에 따라 시각적으로 표현하여 정리하는 것이다.

그림 38은 일반적인 고객여정지도의 한 예로써, 고객들이 제품을 구매하는 과정을 단계별로 나누고 각 단계에서 행하는 주요 활동들과 그 활동이 일어나는 접점을 기술한다. 또한 각 활동을 할 때마다 느끼는 만족도, 좋은 점, 불편한 점 등을 평가하여 정리하고 있다.

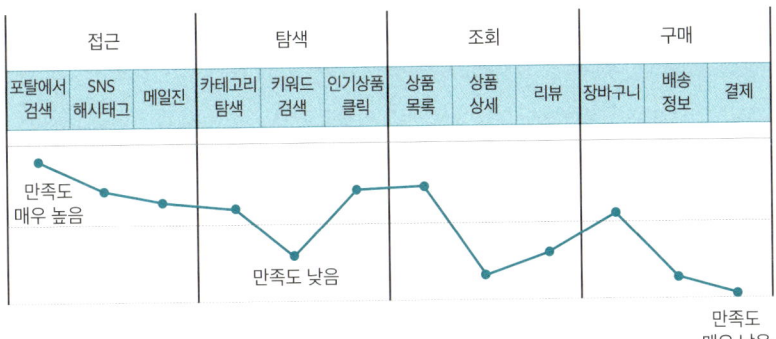

그림 38. 고객여정지도 사례 (출처: 조성봉 "이것이 UX 디자인이다")

이를 좀 더 자세히 설명하면, 한 고객이 상품을 구매하는 과정에서 가장 먼저 경험하게 되는 것은 상품에 대한 정보를 접하는 과정이다. 이를 '접근' 단계라 정의한다. 이 단계에서 고객은 TV 광고, 인터넷 포털, SNS 해시태그, 이메일 등 다양한 접점Touch Point을 통해 상품에 대한 정보를 접하게 되며, 이 과정에서 고객이 느끼는 만족도, 장단점 등을 기술한다.

다음 단계인 '탐색' 과정에서 고객은 더욱 적극적인 활동을 보이기 시작한다. 원하는 상품을 찾기 위해 해당 상품과 관련된 카테고리, 키워드, 인기상품 등을 검색하고, 이러한 상품 관련 정보 검색 및 분석을 통해 1차적으로 구매하고자 하는 상품을 선택한다. 이때도 정보 검색을 한 접점에서 경험한 느낌을 정리하면 된다.

구매를 희망하는 상품 후보군이 선택되면, 다음 단계로 이들에 대한 더욱 구체적인 정보 검색 및 분석이 2차적으로 이루어지고, 이를 '조회' 단계라 부른다. 이 단계에서는 상품에 대한 상세한 정보 검색은 물론 다른 고객들의 사용 후기나 전문가들의 상품평가 내용 등을 확인하며 최종적으로 구매할 상품을 결정한다. 다음 단계인 '구매' 과정에서 오프라인 매장이나 온라인 쇼핑몰 등 다양한 유통 채널 중 하나를 선택하고 실제 구매가 이루어진다.

물론 고객이 상품을 구매하는 과정에 대한 정의는 다양하게 나타난다. 일례로 필립 코틀러 교수는 그의 저서 '마켓 4.0'에서 4차 산업혁명 시대에서는 기존 켈로그 경영 대학원 데릭 러커Derek Rucker 교수가 정의한 인지Aware, 태도Attitude, 행동Act, 반복 행동Act Again 등 4A 이론을 재정의해야 한다고 설명하며, 인지Aware, 호감Appeal, 질문Ask, 행동Act, 옹호Advocate 등 5A 이론을 새롭게 내놓았다. 중요한 것은 어떤 이론이 맞느냐가 아니라 나에게 적합한 고객 분석 방법을 찾는 것이라고 생각한다.

고객여정지도에서 중요하게 보는 두 가지 요소는 다음과 같다.

첫째, 고객의 '접점Touch Point'이다.

상품 매장, 기업 홈페이지, 온라인 쇼핑몰 등 고객과 기업, 또는 상품 간의 상호작용이 일어나는 접점은 고객이 그 기업이나 상품에 대해 좋든 싫든 감정을 느끼는 곳이기 때문에 보다 친화적이고 강한 인상을 심어 주어야 한다. 이는 마케팅 전략에서 매우 중요한 부분이다. 또한 고객이 마음을 바꾸거나 이탈하지 않도록 고객이 경험하는 불편함이나 부정적인 요소들을 분석하여 지속해서 개선해야 하는 부분이기도 하다.

둘째, 고객의 '행동 분석'이다.

고객여정지도는 앞에서 살펴본 인구 통계학, 소득 수준, 지역, 교육 수준 등 단순한 통계지표 분석을 넘어 실제 고객이 활동하는 행동 패턴을 상세히 정리한다. 여기서 고객이 어떤 성향을 나타내고, 선호하거나 불편해하는 경험들이 무엇인지 입체적으로 기술함으로써, 궁극적으로 고객이 원하는 것이 무엇인지 구체적으로 분석할 수 있는 기법이라고 할 수 있다.

고객여정지도는 실제 고객의 입장에서 고객이 경험하는 모든 과정을 시간적 흐름에 따라 시각적으로 정리함으로써, 타깃 고객층에 대한 보다 구체적인 이해를 하는데 활용도가 큰 기법이다.

고객도 무엇을 원하는지
잘 모른다

상품기획 업무를 담당하고 있을 당시, 고객이 무엇을 원하는지 조사하기 위해 많이 사용했던 방법 중 하나가 포커스그룹 인터뷰Focus Group Interview였다. 이는 기획하고 있는 상품 콘셉트에 대해 일부 고객들의 의견을 확인하는 기법이다. 목표로 하는 고객층을 대상으로 온라인 설문 등을 통해 참석을 원하는 고객을 모집하고, 미팅을 주도하는 진행자를 따라 소규모 참석자들은 기업이 제시하는 주제(주로 새로운 상품에 대한 콘셉트, 가격 등)에 대해 자유롭게 토론하고, 의견을 제시하는 방식이다.

적은 비용으로 운영하기 수월하며, 빠른 피드백을 받을 수 있는 장점이 있다. 반면 소규모 그룹의 의견이 전체 고객의 의견을 대표한다고 보기 어렵고, 회의를 이끄는 진행자에 따라 토론방향이 많이 좌지우지되며, 미팅에서 나오는 많은 의견과 토론내용 중에서 의미 있는 정보Insight를 찾아내기가 쉽지 않다는 단점도 있다. 그 당시 경험으로 볼 때, 미팅에 참석한 고객들은 제시하는 주제에 대해 대부분 우호적인 의견을 내놓기 때문에 이들이 실제 구매하는 상황에서도 같은 성향을 나타낼지 의문스러운 경우가 많았다. 다시 말해 제시한 주제에 대해 고객 입장에서 날카롭게 지적하는 솔직한 의견도 기대하지만, 그런 부분이 미흡했던 것을 볼 때, 이 방식을 통해 참석자들의 속마음을 읽기에는 한계가 있음을 실감했다.

2005년 당시 차년도 신상품 기획업무를 담당하고 있을 때, 백만 대 판매 프로젝트Million Seller Project가 추진되었다. 한 해에 전 세계적으로 백만 대 이상 판매할 수 있는 신상품 엘시디 티브이LCD TV를 기획하라는 과제를 받았다. 당시만 하더라도 TV 시장의 대부분을 기존 브라운관 TV기 치지하고 있었으며, LCD TV나 프라즈마PDP TV 등은 평판 TVFlat TV라는 새로운 카테고리로 막 시장이 형성되고 있었던 시기였기에 LCD TV 한 모델로 백만 대 이상 판매한다는 것은 매우 어려운 과제였다.

담당자들을 모아 전담 티에프TF[1]팀을 구성하고 통상적으로 이루어지는 상품기획 프로세스를 따라, 시장조사, 고객분석 등 환경분석을 하고, 이를 토대로 타깃 고객층을 선정하며, 고객층에게 적합한 신상품 콘셉트를 만들었다. 하지만 이렇게 기획된 새로운 콘셉

---

1 | TF : Task Force

트의 LCD TV가 백만 대 이상 판매할 수 있을 만큼 고객들에게 확실한 가치를 제공해 줄 수 있을까 하는 부분에서는 팀원들조차 확신이 없었다.

　결국 제로 베이스에서 다시 기획해 보기로 했다. 즉, 고객에게 어떤 새로운 기능을 제공할까 하는 제조사 관점에서 벗어나 철저하게 고객 입장에서 무엇이 필요할까부터 고민하기로 했다. 난상토론 끝에 상품을 판매하는 대리점에서 고객들이 영업사원들과 어떤 대화를 나누고 구매를 하는지 직접 청취해 보기로 했다. 팀원들 모두 각자 맡은 매장을 방문하여 사전에 양해를 구하고 영업사원과 고객이 나누었던 대화내용을 기록, 정리하였다.

　다양한 내용의 대화가 수집되었지만 한 가지 재미있는 공통점을 발견한 것은 고객들이 '예쁜 TV'를 찾고 있다는 점이었다. "새로 이사하는데 우리 집 인테리어와 어울리는 예쁜 TV 있나요?", "신혼집에 어울리는 TV 디자인 없어요?" 등등 TV의 새로운 기능을 찾을 것이라는 우리의 통상적 관념을 깨고, 그저 집안 인테리어와 잘 어울릴 수 있는 예쁜 TV를 찾는 고객들이 있다는 것은 당시로써는 받아들이기 쉽지 않은 충격적인 발견이었다.

　우여곡절 끝에 '예쁜 TV' 콘셉트는 차년도 신상품에 반영되어 출시하게 되었다. 이것이 바로 보르도 TV 이다. 기존의 사각형 형태와 블랙 컬러 일변도의 디자인을 과감히 탈피하고, 와인잔 형상에 화이트, 레드, 블루 등 다양한 색상을 적용했다. 파격적인 TV 디자인을 차별화 포인트로 하여, '오브제$_{Objet}$'를 핵심 키워드로 한

■ **Offering**
- 제품 Concept : 평면적인 TV가 아닌 오브제로써의 TV
- 디자인 : Y라인에서 더욱 Stylish하게 진보된 "와인" 디자인
- Sales Point : 생활의 공간에 가장 어울리는TV
  어두운 부분도 잘 보이는 화질
- Specification : 4000:1 동적 명암비
  500cd
  시야각 170 / 170
  감성 리모콘 제공
  HDMI

그림 39. 보르도 TV 상품 콘셉트

마케팅 전략을 전 세계적으로 추진함으로써, 목표로 했던 백만 대 판매를 넘어 2년 동안 천만 대가 넘는 판매량을 기록하는 대히트를 기록했다.

사실 당시만 해도 고객여정지도라는 기법은 생각지도 못했다. 그러니 보르도 TV 상품기획 과정을 이 기법과 비교해 보면, 앞에서 강조하였던 2가지 측면에서 유사점을 찾을 수 있다. 첫째, 고객의 접점으로 대리점을 찾게 되었고, 이곳에서 고객들이 영업사원과 어떤 경험을 하고, 어떤 느낌을 갖는지에 대해 조사하고 정리했던 부분과, 둘째로 이사를 하거나 신혼집을 꾸밀 때 집안 인테리어를 꾸미는데 많은 신경을 쓰고 투자를 하고 있으며, TV 제품도 예외가 아니었다는 고객의 행동 분석 결과였다.

03

고객의 충족되지 못한 욕구
(Unmet Needs)

  필립 코틀러Philip Kottler 교수는 그의 저서 '마케팅 매니지먼트 Marketing Management'에서 인간이 느끼는 욕구를 3단계로 나누어 설명했다. 첫 번째 단계인 '니즈Needs'는 인간의 삶에 있어 기본적으로 필요한 것들에 대해 부족함을 느끼는 상태를 의미한다. 두 번째 '원츠Wants'는 사회, 문화적 영향이나 개인의 취향에 의해 구체화된 니즈라고 설명한다. 마지막 단계인 '디맨드Demands'는 구매하고자 하는 의지나 구매력에 기반한 특정 상품에 대한 원츠를 뜻한다.

  예를 들어 설명하면, 목이 말라 물을 찾는 것은 니즈이고, 그래서 깨끗한 탄산수를 원하는 것이 원츠라면, 이를 위해 선호하는 브랜드의 탄산수를 구매하려는 것이 디맨드인 것이다. 결국 고객이

Needs	Wants	Demands
필요한 것에 대한 부족함	구체화된 Needs	특정상품에 대한 Wants

그림 40. 고객의 욕구 (출처: 마케팅 매니지먼트)

상품을 구매하는 행위 자체가 필요한 것에 대해 부족함을 느끼는 니즈에서 출발하여, 점차 고객이 원하는 특정 상품으로 구체화되는 디맨드 단계를 거쳐 최종적으로 구매를 결정한다는 것이다.

여기서 우리는 중요한 사실 하나를 알 수 있다. 즉, 앞에서도 언급하였지만 필자가 경험했던 포커스그룹 인터뷰에서 만족할 만한 결과를 얻지 못했던 이유는 새로 기획한 콘셉트에 대해 고객이 원하는 것인지를 물어보았지, 그것이 정말 필요한 것이냐는 관점에서는 확인해 보지 않았기 때문이다. 이는 통상적인 고객 설문 조사에서도 흔히 행해지고 있다.

다시 말해 다양한 고객 조사활동을 통해 고객이 원하는 기능이나 성능으로 개선하여 더 나은 상품으로 만들었지만, 결과적으로 잘 팔리지 않는 결과를 초래하는 것은 그 상품이 고객이 '원하는 것'이었어도 '필요로 하는 것'은 아니기 때문에 실제 구매 활동으로 이어지지 못 했다는 것이다. '저런 기능 있으면 좋기는 하겠지만 내게 꼭 필요한 건 아니니까 굳이 살 필요까지는 없지..' 하는 고객 심리가 작용한 것이 아닐까 생각된다.

이러한 사례들은 우리 주변에서 쉽게 찾아볼 수 있다. 먼저 타임지가 2009년 발표한 '지난 세기 최악의 실패기술 10가지[2]'중의 하나인 세그웨이Segway에 대해 살펴보자.

미국의 발명가이자 벤처사업가인 딘 케이먼Dean Kamen은 2001년 1인용 전동 스쿠터 세그웨이를 출시하였다. T자형 스쿠터 형태로 되어 있는 세그웨이에는 모터와 컴퓨터, 자이로스코프Gyroscope 등이 장착되었다. 스스로 균형을 잡아주는 기술을 적용하여 탑승자가 넘어지지 않도록 설계되었으며, 몸을 앞뒤로 움직이기만 하여도 자동으로 나아가거나 방향을 바꾸고, 정지 할 수 있었다. 이 제품이 출시될 당시 '출퇴근 풍경을 바꿀 획기적인 제품', '인터넷 이후 최고의 발명품'이라는 찬사를 받았다. 또한 애플의 스티브 잡스Steve Jobs, 아마존의 제프 베조스Jeff Bezos를 비롯한 많은 사람과 기관들로부터 투자를 받으며 출시 전부터 큰 기대를 모았다.

하지만 많은 사람의 기대와는 달리 이 제품은 출시 후 1년이 넘는 동안 6천여 대밖에 팔지 못하는 저조한 판매실적을 기록하는 등 뚜렷한 사업성과를 보이지 못하다가 결국 2015년 중국의 전동 스쿠터 업체인 나인봇Ninebot[3]에 인수되고 말았다.

세그웨이가 실패한 여러 원인 중 강조하고 싶은 것은 '고객의 입장에서 필요한 상품을 제공Offering하지 못했다.'는 것이다. 주로 가까운 거리를 이동할 때 필요할 것이라는 예상과는 달리 사람들이 통행하는 인도에서는 속도가 빠르고, 부피도 커서 이용하기 불편

2 | The 10 Biggest Tech Failures of the Last Decade
3 | Ninebot : 샤오미가 설립한 회사

하다는 점과 인도에서 운행하는 것을 허용하는 법규 또한 미비했다. 또한 도로에서 운행하기에는 속도도 느리고, 위험하였으며, 최대 39km 주행할 수 있는 부분도 고객들이 굳이 세그웨이를 구매할 만큼의 욕구를 불러일으키지 못했다.

그림 41. 세그웨이 (출처: https://commons.wikimedia.org/wiki/Category:Segways_in_the_Netherlands#/media/File:Segway_Utrecht.jpg)

또한 주 고객층으로 예상하였던 출·퇴근족의 경우 사진에서 보는 바와 같이 정장을 입고 세그웨이를 타고 출근하는 모습은 고객의 관점에서는 굉장히 어색하게 비쳐졌을 것이다. 다시 말해 세그웨이는 있으면 좋은 상품이긴 하지만, 고객이 고가의 비용을 지불하며 구매할 정도로 필요한 상품은 아니었기 때문에 고객들로부터 냉담한 반응을 받을 수밖에 없었다.

인도의 우물 이야기도 우리에게 주는 시사점이 크다. 1980년대 인도 마하라슈트라에서 의료, 주거 지원 등 많은 봉사활동을 하고 있던 유니세프는 이곳에 사는 젊은 여성들이 오후 2시만 되면 머리에 물동이를 이고 물을 길으러 가는 모습을 보게 되었다. 먼 거리에 있는 우물까지 걸어가 물을 길어 오는 고된 일이 되풀이되는 생활을 개선하고자 유니세프에서는 마을 근처에 물 펌프를 새로 만

그림 42. 물동이를 지고 가는 인도 여인들 (출처: shutterstock)

들어주고 주민들에게 마음껏 사용하라고 하였다. 하지만 마을의 젊은 여성들은 여전히 오후 2시만 되면 먼 거리에 있는 우물로 가는 이해할 수 없는 행동을 이어갔다.

    이유를 알아보니 그들이 필요로 했던 것이 물 펌프이기는 하나, 그보다 더 필요했던 것은 그들만의 자유시간이었다. 젊은 여성들은 대부분 집안 살림을 하는 전업주부로써 위로 시부모를 모시고, 남편과 자식들을 돌봐야 하는 생활 속에서 유일하게 물동이를 머리에 이고 우물로 가는 시간만이 누구에게도 방해 받지 않는 그들만의 자유시간이었던 것이다. 유사한 처지에 있는 전업주부들끼리 물을 길으러 가며 서로 수다 떨고 자유롭게 웃을 수 있는 즐거움이

먼 길까지 가는 수고를 감내하고라도 느끼고 싶은, 훨씬 큰 가치였던 것이다.

고객들이 무언가를 구매하려는 동기는 '필요로 하는 무언가가 부족할 때 느끼는 니즈'에서 시작된다. 부족함을 충족시키기 위해 많은 상품과 서비스를 구매하여 사용하고 있지만, 여전히 '충족되지 못한 욕구$_{Unmet\ Needs}$'는 존재한다. 다만 고객들은 그것이 무엇인지 잘 알지 못한다는 것이다. 그래서 설문조사나 인터뷰 등을 통해 고객의 욕구$_{Needs}$를 조사하더라도 원하는 답을 명확하게 찾을 수 없다. 결국 고객의 충족되지 못한 욕구$_{Unmet\ Needs}$는 고객이 어떤 활동을 하고, 어떤 경험을 하며, 어떤 느낌을 받았는지에 대한 행동패턴 분석에서 더욱 정확한 답$_{Solution}$을 찾을 수 있다. 또 하나 잊지 말아야 할 것은 그렇게 찾은 답이 고객이 원하는 것이 아니라, 고객이 필요로 하는 것이어야 한다는 점이다.

기술이 아니라
고객가치다

　새로운 밀레니엄 시대를 상징하듯이, 21세기가 시작된 2000년대 들어 획기적인 기술 발전을 바탕으로 수많은 신제품이 시장에 나왔으며, 특히나 기존에 보지 못했던 새로운 콘셉트의 제품이 고객의 구매 욕구를 자극하였다. 100년 가까운 역사를 지닌 TV 시장도 2000년대에 들어서며 삼성, LG, 소니, 파나소닉, 샤프 등 TV를 판매하던 회사마다 LCD TV 제품을 새롭게 출시하였다. TV 시장의 주도권을 잡기 위해 치열한 경쟁을 벌이며, 신제품 광고, 매장 전시 등을 통해 고객들에게 제품의 우수성을 알리기 위한 노력을 아끼지 않았다.
　그림 43은 2006년 일본 동경에 출장 갔을 때, 아키하바라 매장

그림 43. 일본 아키아바라 매장 내 TV 전시장, 2006

에 전시된 LCD TV 신제품 중 하나를 찍은 사진이다. TV 테두리마다 신제품의 특장점을 강조하는 설명문구가 붙어 있었으며, 'AVS 액정 판넬', '높은 콘트라스트 1200:1', 'i.Link (TS)단자' 등 전문 기술용어들로 가득 채워져 있었다. 사실 이러한 사례는 판매매장뿐 아니라 제품 광고에서도 흔히 행해지고 있던 방식이었다. (사실 아직도 이런 방식으로 제품광고 및 전시를 하는 기업들이 적지 않다.)

이렇듯 신제품의 우수성을 알리기 위해 강조하는 제품의 특장점을 고객은 과연 얼마만큼 이해하고 있을까? 기업이 자랑하는 신기술을 고객은 잘 알고 있을까? 이해하지 못하고 있다면, 어떻게 해야 쉽게 이해시킬 수 있을까? 이러한 고민을 풀기 위한 방법이 바로 고객의 가치$_{Value}$를 찾는 것이다. 다시 말해 기업이 내세우고 싶은 신제품의 특장점이나 신기술을 그대로 고객에게 전달하는 것이 아니라, 고객 관점에서 어떤 가치를 줄 수 있는지를 고객 용어로 전환하여 전달하여야 한다는 것이다.

앞에 사례로 얘기한 보르도 TV에서도 이런 관점에서 고객과의 소통 방법을 달리하였다. 즉, TV 구매 시 고객들이 가장 중요하게 여기는 요소 중 하나인 화면 품질을 향상시키기 위해 '슈퍼 크리어 판넬Super Clear Panel'과 '자동 동화상 교정 기술Auto Motion Plus'을 적용하였지만, 이를 그대로 사용하지 않았다. 슈퍼 크리어 판넬의 경우는 "풍부하고 실감나는 색상을 보여줍니다.", 자동 동화상 교정 기술은 "야구를 볼 때 야구공이 잘 보입니다."라는 식으로 고객이 느낄 수 있는 가치를 구체화하여 제품 마케팅에 활용하였다.

지금은 시장에서 거의 사라졌지만 2000년대 초 많은 인기를 끌었던 엠피3MP3 제품도 500MB, 1GB 등 사용자가 노래를 저장할 수 있는 메모리 용량이 점점 증가하였으며 자사 제품이 가장 크다며 숫자 마케팅을 치열하게 전개했다. 하지만, 정작 고객들이 필요로 했던 것은 용량의 크기보다는 노래를 몇 곡이나 저장할 수 있느냐는 것이었다.

다시 말해 "이 엠피3는 1GB 메모리 용량을 가지고 있습니다."라는 말보다는 "이 엠피3는 200곡의 노래를 저장할 수 있습니다."라는 표현이 고객에게 훨씬 알기 쉽게 혜택Benefit을 설명하고, 고객은 구매하고자 하는 보다 명확한 가치를 인지하게 되었던 것이다. 애플이 2001년 5GB, 10GB 메모리 용량을 가진 엠피3 제품인 아이팟

iPod을 처음 출시하면서 내놓은 동영상 광고에서도 "수 천곡을 당신 주머니 속에[4]"라는 짤막한 말로 마무리하는 것을 볼 수 있다.

"15kg 용량 세탁기"라는 문구보다는 "이불 빨래 됩니다."라고 하거나, "300L 용량 김치 냉장고"라는 문구보다는 "4가족 김장김치 오래도록 맛있게 먹을 수 있습니다."라고 하는 등 고객이 필요로 하는 가치를 설명해 준다면 전달력은 훨씬 더 클 것이다.

찰스 두히그Charles Duhigg 기자가 쓴 '습관의 힘The Power of Habit'이란 책에 고객의 가치를 찾고도 신제품 판매에 애를 먹었던 재미있는 사례가 있어 이를 소개하고자 한다.

세계적인 소비재 회사인 피앤지P&G사 제품 중 오랜 시간 고객들이 애용하고 있는 상품인 '페브리즈Febreze'는 P&G사의 한 화학자가 하이드록시프로필 베타사이클로덱스트린HPBCD[5]이란 물질을 작업하다 우연히 개발한 탈취제였다. 이 물질의 뛰어난 탈취 성능을 발견한 화학사는 이를 회사 경영진에 보고하였고, P&G사는 고객들도 악취를 없앨 수 있는 상품이 필요하다는 시장 조사 결과와 연계하여 이를 상품화하기 위한 프로젝트를 진행하였다.

성공적인 개발을 마치고 드디어 1996년 일부 도시에 제한적으로 시험출시 하였다. 대대적인 마케팅 전략을 펼치며, 고객들의 폭발적인 반응을 기대했다. 하지만 결과는 예상을 뒤엎고 고객들로부터 처참하리만큼 냉담한 반응을 받았다. 2년여에 걸친 처절한(?)

4 | Thousands Songs in your pocket
5 | HPBCD : Hydroxypropyl-beta-cyclodextrin

원인분석 끝에 고객들은 자기 집에 악취가 나고 있다는 것을 인정하고 싶어 하지 않는다는 심리와 청소 후에는 악취제거보다는 상쾌함을 더 느끼고 싶어한다는 것을 행동 관찰을 통해 알게 되었다.

이에 따라 '페브리즈' 상품 콘셉트를 탈취제에서 방향제로 수정하고, 텔레비전 광고도 정돈을 막 끝낸 침대와 세탁을 막 끝낸 옷에 페브리즈를 뿌리는 가정주부 모습을 보여 주었다. 광고문도 "섬유에서 악취를 제거하세요."에서 "클린 라이프를 위한 향기"로 바꾸어 1998년 여름 재출시하였다. 재출시 후 두 달 만에 판매량은 두 배로 증가했으며, 1년도 되지 않아 매출이 2억 3천만 달러를 넘어서는 대히트를 쳤다.(2년여에 걸쳐 고객들의 냉담한 반응의 원인을 찾아냈던 P&G사의 노력 또한 가히 높이 살만하다.)

하이 테크Hi-Technology와 연관된 사업을 하는 기업이나 창업가일수록 기술을 중시하는 관점에서 벗어나기 쉽지 않다. 이로 인해 고객과의 소통 과정에서 실수를 범하는 경우가 많다. 다시 말해 경쟁사보다 우수한 기술이나 성능을 고객에게 알리기 위한 노력을 많이 기울이고 있지만, 이러한 기술 중심적 용어들을 고객 관점에서 고객이 필요로 하는 가치로 변환하여 전달하지 않으면 고객들은 이를 충분히 인지하지 못하게 되고 결국 구매동기를 촉발시키기 어렵게 된다.

하이드록시프로필 베타사이클로덱스트린HPBCD라는 물질을 활용한 탈취제를, 악취를 인정하고 싶지 않은 고객들의 심리를 간파하여 약간의 향료를 첨가한 방향제로 탈바꿈시키고, 집안에 좋은 향기를 뿌려준다는 새로운 가치로 고객들 마음을 사로잡은 페브리즈 상품이야말로 아무리 좋은 기술도 고객의 가치로 연결하지 못하면 결코 성공할 수 없다는 고객 가치의 중요성을 다시 한번 일깨워준 사례이다.

고객 이해하기
_ 고객 페르소나

　우리는 앞에서 베이비 부머, X, Y, Z세대를 비롯하여 디지털 네이티브, 욜로족, 싱글족, 시니어 세대 등 시대에 따라 다양하게 변화하는 고객 계층들을 살펴보았다. 이러한 트렌드에 기반한 고객 분석을 바탕으로 이제 내가 목표로 하는 타깃 고객층을 선정하고, 선정된 고객층에 대한 보다 구체적인 관찰과 분석이 필요하다. 타깃 고객층의 특성을 분석하는 방법은 여러 가지가 있겠으나 여기서는 최근 많이 활용되고 있는 기법의 하나인 페르소나persona에 관해 설명하고자 한다.

　페르소나라는 단어는 남들에게 보여지는 성격, 성향, 특징 등을 뜻하는 말로 연극에서 사용되던 '탈'을 뜻하던 라틴어에서 유래되었다. 마케팅에서는 어떤 제품 또는 서비스를 사용할 가능성이 높은 고객층을 대표하는 가상의 인물이라는 의미로 쓰인다. 앞에서 언급하였던 디지털 네이티브로 대표되는 가상의 인물 '20대 대학생 김하늘(가명)'이 좋은 예이다.

페르소나 작성은 크게 네 가지 단계로 나누어 진행한다. 타깃 고객층에 대한 데이터를 수집하고, 이를 그룹핑Grouping하여 페르소나에 작성할 항목을 선정한다. 이렇게 선정된 항목별로 데이터 분석을 통해 주요 특징을 정리하고, 이를 해당 항목에 기술하여 하나의 페르소나를 완성하는 것이다.

첫 번째 단계인 데이터 수집에 있어서 가장 중요한 포인트는 최대한 객관화된 데이터를 모아야 한다는 것이다. 우리가 쉽게 접할 수 있는 인구 통계학적 데이터를 적극 활용해야 한다. 타깃 고객층이 어떤 검색을 많이 하고, 어떤 SNS 서비스를 애용하며, 주로 어떤 기기를 통해 접근하는지 등 라이프스타일Lite Style과 연계된 주요 활동내용이나 주거 및 생활환경, 선호 브랜드 및 유통채널 등에 대한 정보 또한 페르소나 작성에 필요한 요소들이다. 이러한 객관성 있는 데이터들은 통계청[6]을 비롯한 각종 통계 관련 기관, 대한무역투자진흥공사KOTRA[7] 등 시장 관련 자료제공 기관, 언론매체, 경제연구소뿐 아니라 구글 애널리틱스Google Analytics나 네이버 데이터 랩Naver Data Lab 등에서 구할 수 있다.

6 | 통계청 : www.kosis.go.kr
7 | KOTRA : www.kotra.or.kr

두 번째로 수집한 데이터를 연관성이 있는 내용별로 그룹핑하고, 그룹별 특성에 맞는 페르소나 항목을 결정한다. 이때 반드시 들어가야 할 항목은 고객 프로필로 이름(가명), 나이, 성별, 직업, 가구 형태, 학력, 수입, 거주지 등 고객에 대한 기본정보를 정리하는 것이다. 이외에도 출퇴근 방식, 취미활동 등 라이프스타일, 인생의 목표와 목표를 달성하기 위해 진행하고 있는 활동, 보유하고 있는 또는 갖고 싶은 제품, 서비스 또는 브랜드, 상품을 구매할 때 주로 이용하는 유통채널, 결제 방법 등 페르소나를 작성하는 목적에 따라 고객의 특성을 더욱 상세히 이해할 수 있는 항목들로 선정하면 된다.

세 번째로는 항목별로 모아놓은 데이터를 분석하고, 주요 특성을 찾아 이해하기 쉽게 기술한다. 마지막으로 이를 정리하여 하나의 페르소나를 완성하면 된다. 이때 별도의 툴이나 양식이 없더라도 페르소나 작성을 도와주는 인터넷 사이트를 이용하면 쉽게 작성할 수 있다. 최근 창업 아이템으로 구상하였던 '스마트 밴드를 활용한 피트니스 센터 Fitness Center 회원관리 서비스'에서 타깃 고객층으로 선정하였던 활동적 시니어 세대 Active Senior 에 대한 페르소나를 '엑스텐시오[8]'라는 사이트에서 제공하는 '사용자 페르소나 만드는 방법[9]' 서비스를 통해 만들었다.(그림 44 참고.)

그림 44의 페르소나에는 '케빈 Kevin'이라는 가상인물에 대한 나

---

8 | www.xtensio.com
9 | How To : Create A User Persona

그림 44. Kevin 페르소나 작성사례 - 엑스텐시오 (xtensio.com) 페르소나 작성 서비스 활용

이, 직업 등 기본 프로필 정보와 성향, 최근 활동 및 관심 사항 등에 대한 정리가 되어 있다. 또한 케빈을 특징 지을 수 있는 표현들(논리적, 계획대로 실천, 여행, 개인주의)과 현재 추구하고 있는 목표와 어려운 점, 선호하는 브랜드, 미디어 채널 등을 설명한다.

이렇게 작성된 페르소나를 통해 내가 목표로 하는 고객에 대한 특성을 한눈에 볼 수 있게 정리함으로써, 더욱 쉽게 고객을 이해할 수 있음은 물론, 기업 내부적으로도 마케팅, 영업 조직뿐 아니라 개발, 기획, 인사 등 모든 조직 간에 공통의 커뮤니케이션 언어로도 활용할 수 있는 장점이 있다.

고객 관찰하기
– 고객여정지도

고객 페르소나가 작성되면, 앞에서 설명한 고객여정지도를 활용하여 그 고객이 일상적으로 하는 활동들에 대한 행동을 관찰하고 이에 대한 주요 특징을 정리한다. 이때 고객이 하는 활동 중 기획하고 있는 제품이나 서비스와 연관성이 있는 활동을 중심으로 진행하면 효과적이다. 앞에서 만든 페르소나 케빈 고객에 대한 고객여정지도를 통해 좀 더 자세히 살펴보자.

먼저 여러 활동 아이템 중 운동과 관련된 활동으로 '집 근처 피트니스 센터Fitness Center에 가서 운동하기' 활동에 대한 고객여정지도를 작성해 보았다. 더욱 상세한 행동 관찰을 위하여 운동 전후와 운동할 때 등 크게 3단계로 활동 아이템을 구분하고, 단계마다 구

활동 아이템 : 집 근처 Fitness Center가서 운동 하기

이름 : Kevin
나이 : 55세 (남)
직업 : 프리랜서
성격 : 활동적
관찰 : 일주일에 3~4회 집 근처 Fitness Center에서 1시간 정도 운동을 하고 있음.

	운동 전			운동			운동 후		
행동	회원카드를 제시하고 Locker키를 받는다	운동복으로 갈아입는다	헬스장에 들어간다	가벼운 몸 풀기와 스트레칭 운동을 한다	원하는 운동기구에서 부위별 근력운동을 한다	스트레칭으로 운동을 마무리한다	샤워를 한다	몸무게를 측정한 후 옷을 갈아 입는다	Locker키를 제시하고 회원카드를 받는다
접점	안내Desk	Locker	헬스장	매트	운동기구	매트	샤워실	Locker	안내Desk
만족도	☺	☺	☺	☺	☺	☺	☺	☺	☺
관찰 Point (만족/ 불만족 이유)	. Locker Key 보관이 불편하다 . 회원출입관리만 한다			. 단순반복되는 운동으로 흥미가 줄어들고 성취감도 낮다 . 나에게 맞는 운동을 하고 있는건지 잘 모르겠다 . 전문가 조언을 받고 싶다			. 운동후 샤워하면 기분이 좋아진다 . 몸무게가 늘면 우울해진다 . 체지방 등 다른 건강상태도 알고싶다		

그림 45. Kevin 고객여정지도 작성사례

체적인 행동들을 관찰하여 정리하였다. 또한 각 행동이 발생하고 있는 접점Contact Point을 기술하고, 각각의 행동을 할 때마다 느끼는 만족감을 시각적으로 나타냈다. 마지막으로 단계별로 행동 관찰을 통해 케빈 고객이 불만을 나타냈던 부분이나, 만족스러웠던 부분에 대한 이유, 특정 행동을 하던 중 느꼈던 희망사항 등을 정리하였다.

 행동 관찰을 하는 방법에는 설문조사, 인터뷰Interview, 현장 관찰 기록, 사진 분석, 비디오 관찰법 등 다양한 방법이 있다. 상황에 따라 적절한 관찰법을 선정하여 진행하면 된다. 나의 경우 선정한 페르소나 케빈과 유사한 특성을 나타내는 활동적 시니어 세대 몇 분과의 인터뷰 및 피트니스 센터현장에서 실제 운동을 하기 위해 센터를 방문하는 고객들에 대한 행동을 직접 관찰하여 고객여징지도

를 완성하였다.(본인이 고객으로서 직접 체험해보는 것도 좋은 방법이다. 실제 미국 산업디자이너인 패트리샤 무어Patricia Moore는 26세였던 1979년부터 3년 동안 80대 노인으로 분장하고 미국, 캐나다에 있는 116개 도시를 다니며 직접 일상생활을 체험함으로써, 수많은 상품에 노인들의 특성을 고려한 디자인을 접목해 큰 성공을 거두었다.)

그림 46. 패트리샤 무어 (출처: Disguised, A True Story by Pat Moore with Charles Paul Conn, Word Books, Waco, TX, 1985)

07

고객 분석하기
_ 밸류 프로포지션 디자인

    고객 페르소나와 고객여정지도가 완성되면 다음 단계로 "고객이 무엇을 원하고 있는지?", "그 고객을 위해 어떤 제품이나 서비스를 제공해 줄 수 있는지?"에 대한 해답Solution을 찾음으로써 사업 아이템을 구체화할 수 있다. 이를 위하여 스트래타이저닷컴[10]에서 설명하는 '밸류 프로포지션 디자인Value Proposition Design' 기법을 활용하였다.(더욱 자세한 내용은 '밸류 프로포지션 디자인'이라는 책을 통해서도 확인할 수 있다.)

    밸류 프로포지션 디자인에 나오는 가치 제안 캔버스는 그림 47에서 보는 바와 같이 크게 두 개 영역으로 나누어져 있다. 오른쪽

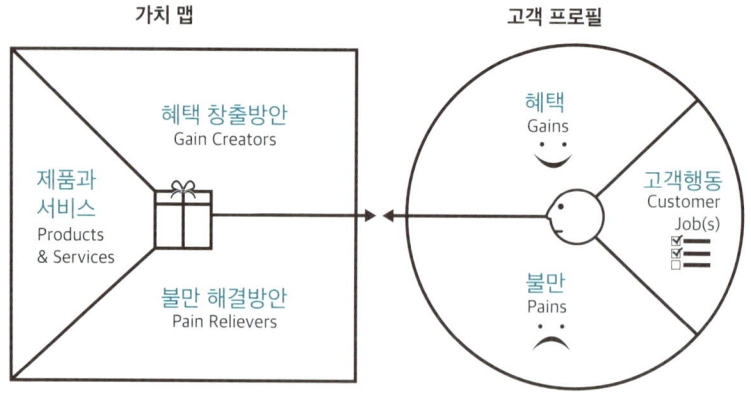

그림 47. 가치제안 캔버스 (출처: 스트래타이저닷컴 (strategyzer.com/vpd))

에 있는 '고객 프로필'은 고객이 구체적으로 무엇을 원하는지를 알기 위해 정리하는 영역이고, 왼쪽에 있는 '가치 맵'은 고객이 원하는 것을 맞춰주기 위해 어떤 가치 제안을 할 것인지를 정리하는 영역이다.

'고객 프로필'은 '고객행동Customer Jobs', '혜택Gains', '불만Pains' 등으로 나뉜다. 앞서 작성한 고객여정지도와 연계하여 고객이 특정 활동을 할 때, 세부적으로 어떤 행동들을 하는지를 고객 행동 칸에 정리하면 된다. 이어서 고객이 각각의 행동을 할 때 얻고 싶은 결과나 추구하는 실질적인 이익을 혜택 칸에 정리한다. 반면 불만 칸에는 행동과 관련하여 불만족스러운 결과나, 불편한 점, 위험요소, 장애물들을 기술하면 된다.

가치 맵 또한 '제품과 서비스Products & Services', '혜택 창출방안Gain

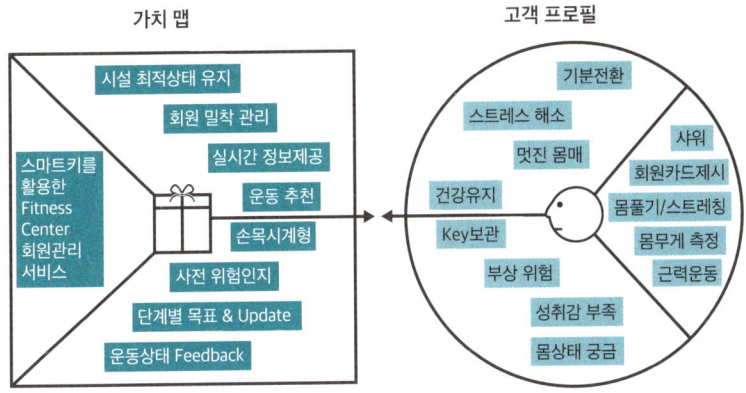

그림 48. 가치제안 캔버스 작성 예

Creators', '불만 해결방안Pain Relievers' 등으로 나눈다. 제품과 서비스 칸은 목표로 하는 고객에게 제공할 사업 아이템을 기술한다. 혜택 창출방안은 고객이 기대하는 혜택을 어떻게 만족시켜 줄 것인지에 대한 방안을, 불만 해결방안은 고객이 느끼는 불만이나 불편, 위험요소를 어떻게 없애거나 줄여줄 수 있는지를 정리하면 된다.

마지막으로 고객 프로필과 가치 맵에 정리된 항목 간에 잘 매칭되는지 확인하는 적합성 분석을 통해 가치 제안 캔버스의 완성도를 높여 간다.

앞에서 작성한 케빈 고객의 여정지도를 바탕으로 가치 제안 캔버스를 작성한 예를 그림 48에서 볼 수 있다. 먼저 회원카드 제시, 근력운동 등 여정지도에 명시된 행동 아이템들을 요약하여 고객 프로필에 있는 고객행동 칸에 기술했다. 기분전환, 건강유지 등 이러한 행동을 통해 얻게 되는 또는 얻고 싶은 가치들을 정리하여 혜택 칸에 적었다. 마지막으로 성취감 부족, 부상 위험 등 행동과 관련된 불만족스러운 점이나, 불편사항, 위험요소 등을 정리하여 불만 칸에 채움으로써 고객 프로필을 완성하였다.

가치 맵의 경우 케빈 고객이 보다 효과적인 운동을 하고 싶은 욕구Unmet Needs를 충족시켜줄 수 있는 '스마트 키를 활용한 피트니스 센터 회원관리 서비스'라는 사업 아이템을 제품 및 서비스 칸에 적었다. 운동회원을 밀착 관리하고 실시간으로 운동과 관련된 정보를 제공해주는 등의 서비스를 통해 고객이 기대하는 혜택을 만족시켜준다. 또한 손목시계형 스마트키 제공, 단계별 운동 목표 설정 및 사전 위험방지 등의 서비스를 통해 고객이 느끼는 불만, 불편, 위험 요소를 제거하거나 줄일 수 있는 방안을 정리하여 가치 맵을 작성하였다.

마지막으로 고객 프로필과 가치 맵에 정리된 항목들을 상호 비교하며 적합성 분석을 거쳐 최종적으로 가치 제안 캔버스를 완성하였다.

고객카드 만들기

　우리는 이 파트에서 '고객은 무엇을 원하는가?'에 대해 더욱 심층적으로 분석할 수 있는 방법론에 대해 알아보았다. 내가 목표로 하는 타깃 고객에 대한 고객 페르소나를 만들어 보았고, 그 고객이 하는 행동을 관찰하며, 고객여정지도를 완성했다. 마지막으로 밸류 프로포지션 디자인을 통해 고객 프로필과 가치 맵을 정리하였다. 객관적 데이터 분석과 실질적인 행동 관찰을 통해 만들어진 세 가지 결과물을 종합하여 우리는 타깃 고객에 대한 하나의 고객카드를 만들 수 있다.

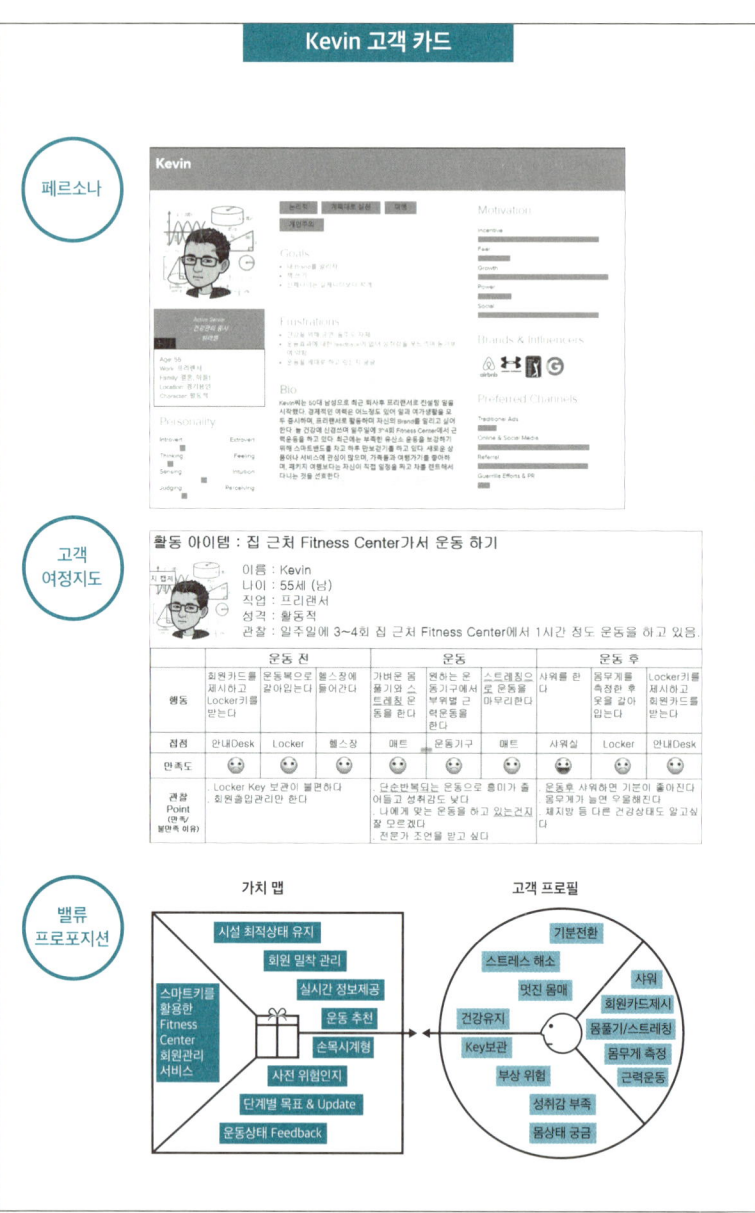

그림 49. Kevin 고객카드 작성 예

이러한 고객카드는 고객 페르소나 각각에 대해 하나의 패키지로 만들 수 있다. 완성된 고객카드라 하더라도 트렌드 변화, 고객 특성 변화, 사업 아이템 변화 등에 맞게 시기적절하게 업데이트해 주어야 한다. 또한 이 고객카드는 뒤에 나오는 비즈니스 모델 발굴, 사업계획서 작성 등에서도 계속 활용될 것이다.

PART 04

비즈니스 모델 따라잡기

어떻게 돈을 벌 것인가?

중국 염철론鹽鐵論에 나오는

"유속불식有粟不食 무익어기無益於饑"라는 고사성어가 있다.

곡식이 있어도 먹지 않으면 굶주림에는 아무 도움이 되지

않는다는 뜻으로 우리가 잘 아는 "구슬이 서 말이라도

꿰어야 보배"라는 속담과 비슷한 의미이다.

이와 마찬가지로 아무리 좋은 사업 아이디어가 있다

하더라도 이를 실질적인 사업으로 연결하지 못하면

아무런 가치를 만들어 내지 못하고 하나의 아이디어로만

남게 될 것이다. 이 파트에서는 앞에서 발굴한 사업 아이템을

가지고 어떻게 사업화할 수 있는지,

즉 비즈니스 모델을 만드는 방법에 관해 살펴보고자 한다.

소유경제에서
공유경제로

　1984년 미국 하버드 대학교 마틴 와이츠먼Martin Weitzman 교수가 쓴 '공유경제 : 불황을 정복하다[1]'라는 논문에서 공유경제의 개념이 처음 등장한 이후, 최근 들어 4차 산업혁명을 대표하는 경제개념으로 활발히 전개되고 있다. 우리가 통상적으로 행해오던 필요한 제품이나 서비스를 구매하고, 소유하는 소유경제의 개념이 아니라, 필요할 때 필요한 만큼만 사용하는, 다시 말해 '제품이나 서비스, 공간 등을 빌리고 나눠 쓰는 인터넷과 스마트폰 기반의 사회적 경제 모델[2]'로 새로운 소비 트렌드가 만들어지고 있다.

　이러한 공유경제 기반의 소비 트렌드를 이끄는 스타트업Startup

1 | The Share Economy : Conquering Stagflation
2 | 출처: 위키피디아

그림 50. 다양한 공유경제 기반 서비스

기업들이 기존의 사업구조를 혁신하고, 새로운 비즈니스 모델 Business Model을 발판으로 시장의 강자로 떠오르는 사례들을 주변에서 쉽게 볼 수 있다.(기업가치가 1조 원 이상인 스타트업 기업을 유니콘Unicon 기업이라 말하는데, 최근에는 기업가치가 10조 원을 넘는 스타트업 기업들도 나오고 있어 이를 데카콘Decacon 기업이라 칭하고 있다. 실제 에어 비앤비Air B&B, 우버Uber 등 공유경제를 기반으로 한 많은 스타트업 기업들이 유니콘 또는 데카콘 기업으로 성장하는 사례를 볼 수 있다.)

공유의 대상 또한 여러 분야로 확대되고 있다. 가장 쉽게 접할 수 있는 상품의 공유에서부터, 장소를 공유하고, 교통수단을 공유하며, 심지어 지식을 공유하는 비즈니스 모델들도 등장하고 있다.

이렇게 다양하게 전개되고 있는 공유경제 기반의 비즈니스 모델들을 모두 살펴볼 수는 없겠지만 대표적인 사례들을 통해 공유경제 기반의 소비 트렌드를 어떻게 활용하여 사업을 전개하고 있는지 알아보고자 한다.

공유경제의 대표주자인 에어 비앤비$_{Air\ B\&B}$ 사례를 먼저 살펴보자. 미국 샌프란시스코에 살고 있던 브라이언 체스키$_{Brian\ Chesky}$와 조 게비아$_{Joe\ Gebbia}$는 샌프란시스코에서 열리는 디자인 콘퍼런스 기간에 방문객이 몰려 호텔방 구하기가 어렵다는 문제점을 인식했다. 2007년 자신들이 살던 아파트 일부 공간을 빌려주고 돈을 벌면서(일주일 만에 한 달 치 월세를 벌었다고 한다) 사업을 시작했다. 2008년 2월 네이선 블레차르지크$_{Nathan\ Blecharczyk}$가 합류한 후, 호텔을 예약할 수 없는 사람들을 위한 사업 아이디어를 기반으로 'Air Bed & Breakfast'라는 회사를 창업했다. 숙박공간을 빌려주는 고객과 빌리는 고객을 서로 연결해주는 공유 플랫폼$_{Platform}$을 구축하여, 2008년 8월 11일 'Airbedandbreakfast.com'라는 사이트를 공식 출범하였다.

2009년 3월 'Airbnb.com'으로 이름을 변경하고, 공유 가능한 공간을 집 일부에서 집 전체, 아파트, 성, 보트 등으로 다양하게 확장했다. 2011년 2월 누적 예약 건수 100만 건, 2012년 1월 500만 건, 2012년 6월 1,000만 건을 기록하는 등 사업규모가 급속도로 확대되었다. 2016년에는 세계 최대 호텔 체인인 Hilton의 시가총액을 넘어섰고, 2019년 1월 기준 기업가치가 미화 약 300억 달러(약 32

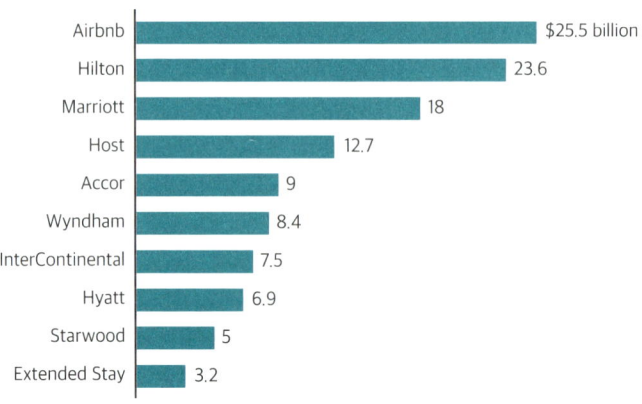

그림 51. 에어 비앤비 기업가치 비교, 2016년 7월 (출처: 야후 파이낸스 / CB인사이트)

조)에 이르는 대표적 데카콘 기업이 되었다.

숙박사업을 대표하는 호텔뿐만 아니라 영국의 민박 Bed & Breakfast 등과 같이 집 일부 또는 전체를 빌려주는 전통적인 숙박사업이 있었음에도 에어 비앤비가 성공할 수 있었던 비결을 나는 크게 두 가지 요인으로 본다.

첫째는 숙박공간을 빌려주려는 고객(호스트)과 빌리려는 고객(투숙객)을 안심하고 편리하게 연결해주는 플랫폼 경쟁력을 꼽는다. 숙박 장소에 대한 정보를 상세히 제공함은 물론 기존 투숙객들의 평점, 댓글Review 등을 통해 숙박장소 및 호스트에 대한 신뢰를 높이고, 호스트 또한 투숙객 평가를 통해 안심하고 숙박 장소를 빌려줄 수 있도록 투숙객의 정보를 제공받는다.(나 역시 다양한 예약

그림 52. 에어 비앤비 캠페인 슬로건 "여행은 살아보는거야" (출처: 에어 비앤비 홈페이지)

서비스를 이용해보았지만 에어 비앤비가 제공하는 숙소 정보가 실제 숙소의 차이가 가장 적었다.)

또한 호텔에서 제공하기 어려운 고객가치를 제공해 준다는 점이다. 호텔의 경우 어느 국가에 가더라도 비슷한 구조의 객실에서 묶는 경우가 대부분이라 여행객의 경우 현지 문화를 체험할 수 있는 기회가 많지 않다. 반면, 현지인 집에서 숙박할 수 있는 에어 비앤비의 경우 현지인의 생활을 직간접적으로 체험할 수 있으며, 또한 숙소 근처 볼거리, 먹거리, 즐길 거리 등 다양한 현지 체험 정보를 제공함으로써 고객 만족도를 올리고 있다.(뉴질랜드 여행 당시 에어 비앤비를 통해 집 전체를 2주간 대여하고 지내며, 마치 그곳에 사는 현지인 같은 생활 체험을 만끽하였다.)

이렇게 확실한 고객 가치를 바탕으로 기존 숙박사업과는 상이한 비즈니스 모델로 사업을 빠르게 확대해 나가고 있다. 에어 비앤비는 호텔 하나 없이 호스트와 투숙객을 연결하는 공유 서비스만으로 호스트로부터는 숙박료의 3% 수준, 투숙객으로부터는 6~12% 수준의 수수료를 받는다. 이러한 비즈니스 모델을 통해, 2017년 26억 달러의 매출액을 올리며 호텔업계의 강자 힐튼 호텔의 매출액 약 23억 달러를 넘어섰다.

차량공유 서비스를 제공하고 있는 우버Uber는 2009년 개릿 캠프Garrett Camp와 트래비스 캘러닉Travis Kalanick이 우버캡UberCab이라는 이름으로 설립한 회사다. 승차 서비스를 제공하려는 고객(운전기사)과 제공받으려는 고객(승객)을 모바일 앱을 통해 연결하는 플랫폼을 기반으로 2010년 6월 샌프란시스코에서 서비스를 처음 출시한 이후, 2016년 3월 10억 건 승차, 2018년 9월 100억 건 승차 실적을 올리며 기하급수적인 성장을 하고 있다. 매출 실적도 2016년 4조4천억 원, 2017년 9조 원, 2018년 12조 8천억 원에 달했다.

2019년 5월 뉴욕증권거래소 상장 당시 우버 시가 총액은 미화 약 700억 달러로 당초 월가에서 예상했던 수준에는 못 미쳤지만 여전히 공유경제 기반 스타트업 업체 중 가장 높은 기업가치를 보여준다. 우버보다 2달 먼저 상장한 차량공유 서비스 업계 2인자 리프트Lyft의 상장 당시 미화 220억 달러 규모 시가총액에 비해 3배 이상 큰 규모이다. 2018년 영업손실이 2조 원을 넘었음에도 불구하고 차량 공유 서비스의 대표주자로 확실하게 자리 잡고 있다.(우버는 이미 대표적인 완성차 업체인 지엠GM, 현대자동차 등의 시가총액을 추월하였다.)

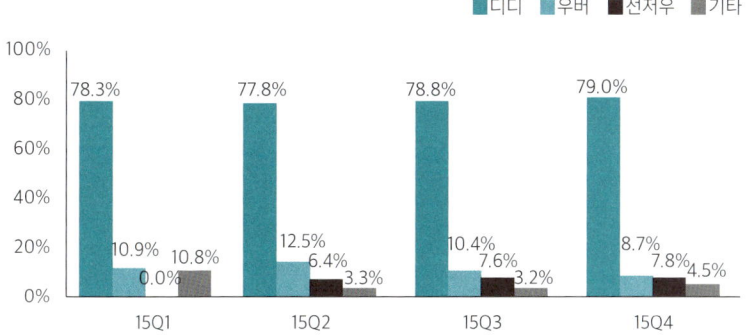

그림 53. KOTRA, "우버차이나는 왜 '중국판 우버'에 합병됐나" 기사 (출처: Analysys(易觀智庫), https://news.kotra.or.kr/user/globalBbs/kotranews/3/globalBbsDataView.do?setIdx=242&dataIdx=151527)

중국판 우버라 불리고 있는 중국 차량공유 서비스 '디디추싱Didi Chuxing'은 2015년 2월 텐센트Tensent에서 투자한 디디다처Didi Dache와 알리바바Alibaba에서 투자한 콰이디다처Kuadi Dache가 합병하여 탄생하였다. 위챗 결제 시스템 적용, 막강한 중국 지리 데이터를 보유한 바이두 지도 사용 등 중국 시장 환경에 맞는 서비스를 통해 중국 시장에서 우버를 압도하였으며, 결국 2016년 8월 우버 차이나는 디디추싱에 합병되었다. 또한 2017년 북아프리카에서 승차공유 서비스를 하는 카림Careem과 전략적 제휴를 맺고, 2018년 브라질 승차공유 서비스 '99'를 인수하는 등 중국을 넘어 세계 각지로 진출하며, 우버와의 또 다른 경쟁을 벌이고 있다.

말레이시아에서 2012년 서비스를 시작한 차량공유 플랫폼 '그랩Grab'은 동남아시아에서 가장 많이 이용되고 있는 서비스다. 1억3

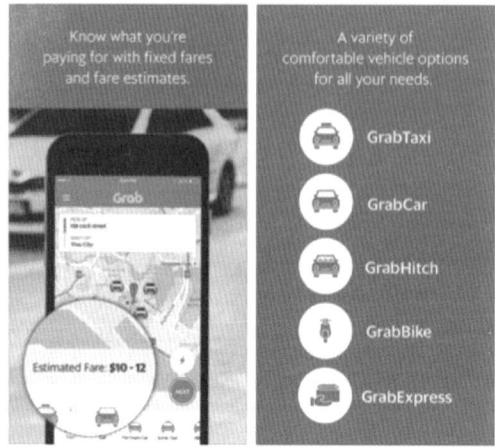

그림 54. 다양한 교통수단을 제공하는 그랩 서비스 (출처: Grab.com)

천8백만 대 이상의 모바일 기기에 앱이 다운로드되었으며, 동남아 8개국 336개 도시에서 음식 배달, 택배 서비스 등 광범위한 온 디맨드On Demand 운송 서비스를 제공한다. 독일의 대표적인 자동차 회사이며 라이벌 관계에 있는 BMW와 메르세데스 벤츠도 차량공유 서비스에 대응하기 위해 2019년 2월 합작 법인을 만들고 10억 유로(약 1조3천억 원 규모)를 투자하기로 계획을 발표하는 등 빠르게 성장하고 있는 차량공유 서비스에서 주도권을 잡기 위한 경쟁이 치열하게 전개되고 있다.

이러한 공유경제 기반의 비즈니스 모델을 가지고 사업을 전개하는 기업들의 가장 큰 특징은 건물이나 차량 등 물리적인 자산 없이도(많은 투자 없이도) 수요자와 공급자 간 연결 플랫폼을 통해 기대 이상의 사업성과를 내고 있음은 물론, 기존의 비즈니스 모델 구조를 혁신하고, 관련 업계의 주도권 경쟁에서 우위를 점해가고 있다는 사실이다.

경쟁자를 알고 있는가?
– 시장 파괴자

영국의 경제신문 파이낸셜 타임지Financial Times는 2014년 12월 29일 업종별 올해의 시장 파괴자Disrupter 20개 업체를 발표하며, 차량 공유 서비스 업체 '우버'와 중국 전자 상거래 업체 '알리바바'를 올해의 최고 시장 파괴자로 선정하였다. 파이낸셜 타임지에서 말하는 시장 파괴자란 새로운 발상과 신기술을 이용하여 기존의 시장 판도를 뒤흔들고 소비자와 업계에 새로운 기회를 제공하는 업체를 의미한다.

시장 파괴자에 의해 기존 강자들이 경쟁에서 밀려나는 사례를 많은 분야에서 찾아볼 수 있다. 예를 들어 미국 전역에 있는 매장을 통해 영화, 드라마 등 비디오 대여사업의 절대적 우위를 점하고 있던 블록버스터Blockbuster는 온라인 VODVideo-On-Demand 서비스를 제공하는 넷플릭스의 등장으로 파산하게 되었다. 145년 전통의 미국 최대 오프라인 서점 반스앤노블Barnes & Noble 또한 아마존에 밀려 회사 매각을 협의 중인 것으로 알려졌다. 이처럼 기존 강자들이 시장에서 밀려나는 것은 디지털 혁신기술을 기반으로 등장한 신생기업에 대한 대응을 소홀히 한 결과라 할 수 있다.

사실 시장 파괴자의 원조(?)는 애플이라고 생각한다. 잘 알다시피 애플의 이전 명칭은 '애플 컴퓨터 주식회사Apple Computer Inc.'로 컴퓨터 회사였다. 애플은 세계 최초로 개인용 컴퓨터를 만들었고, Apple II 컴퓨터로 개인용 컴퓨터 시대를 연 회사다. 이후에도 매킨토시Macintosh 컴퓨터에 마우스Mouse를 활용한 그래픽 사용자 인터페이스GUI[3]를 적용하여 컴퓨터를 획기적으로 쉽게 사용할 수 있게 하였으며, 일체형 컴퓨터 아이맥iMac, 노트북 컴퓨터 맥북MacBook 등 다양한 라인업을 갖춘 명실상부한 컴퓨터 업계의 선도주자였다. 2000년대 초만 해도 컴퓨터 업계는 자체 운영체계OS[4]인 맥 OSMac OS를 갖춘 애플과 마이크로소프트 윈도우 OS를 기반으로 한 IBM, 델Dell, HPHewlett Packard, 컴팩Compaq 등으로 진영이 나누어져 치열한 경쟁을 벌였다.

이런 애플이 2001년 10월 포터블 미디어 플레이어Portable Media Player 아이팟iPod을 출시하면서 기존의 디지털 음악 재생기기MP3 시

3 | GUI : Graphic User Interface
4 | OS : Operating System

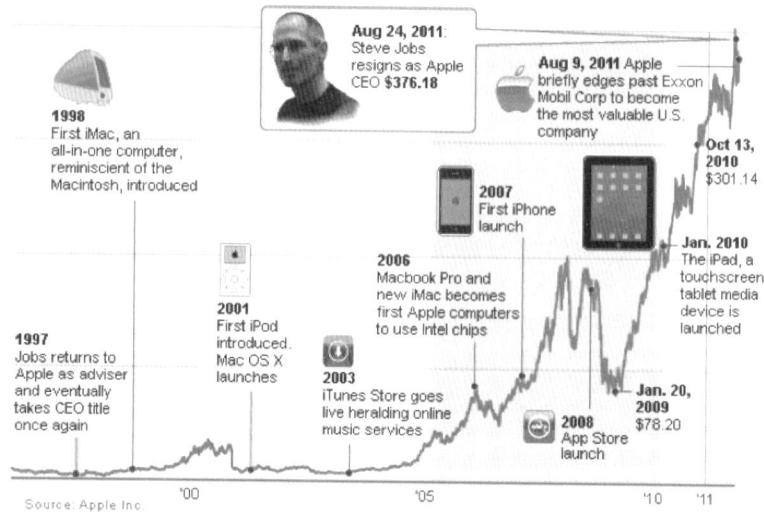

그림 55. 애플 타임라인 (출처: Apple Inc. / Reuters)

장에 도전장을 내밀었다. 사용자 친화적인 인터페이스와 대용량 저장공간, 노래 구매 및 관리를 쉽게 할 수 있는 아이튠즈$_{iTunes}$ 서비스를 바탕으로, 2004년 말 기준 미국 디지털 음악 재생기기 시장에서 70% 이상의 점유율을 기록하는 등 기존 업계들을 따돌리고 MP3 시장을 장악하였다. 우리나라 MP3 대표주자였던 아이리버도 아이팟과의 경쟁에서 밀려난 업체 중 하나이다.

애플은 여기서 그치지 않고 2007년 1월 휴대용 전화기 아이폰$_{iPhone}$을 출시하며 기존 휴대용 전화기 시장에 또 한번 도전장을 내밀었다. 아이폰 역시 정전식 터치스크린을 적용한 사용자 친화적 인터페이스, 이동전화 통신망 기술과 와이파이$_{Wi-Fi}$, 블루투스

Bluetooth 등 근거리 통신기술 내장, 실시간 이메일 및 애플 앱 스토어App Store 서비스, 아이튠즈 서비스 제공 등 디지털 혁신 기술을 적용했다. 기존 휴대폰 시장을 완전히 탈바꿈하며, 스마트폰 시대를 연 것은 물론 회사명도 '애플 주식회사Apple Inc.'로 바꾸었다. 아이폰의 등장으로 기존의 휴대폰 강자였던 모토로라Motorola나 노키아Nokia가 시장에서 밀려난 부분은 여기서 설명하지 않아도 될 정도로 잘 알려진 사실이다.

또 하나 애플이 시장 파괴자로 기존 업체들과의 경쟁에서 우위를 점할 수 있었던 경쟁력은 고객들에게 새로운 경험을 제공했다는 것이다. 다시 말해 기존 업체들이 제품 경쟁력에 집중하고 있을 때, 애플은 제품 경쟁력뿐 아니라 고객 관점에서 제품의 가치를 최대한 경험할 수 있는 자체 서비스를 동시에 제공하였다는 부분이 애플만이 가졌던 혁신적 차별화 요소였다. 아이팟 고객들에게는 아이튠즈 음악 서비스를 통해 음악을 쉽고 편하게 이용할 수 있게 하였으며, 아이폰은 앱 스토어라는 새로운 개념의 서비스 플랫폼을 통해 고객들이 다양한 앱 서비스를 경험할 수 있게 함으로써 애플 제품을 살 수밖에 없도록 충성고객을 만들어 나갔다.

이제 일반적으로 알고 있던 경쟁의 개념이 무너지고 있다. 기존에 업종별로 이루어진 경쟁관계에 치중했던 많은 업체가 이제는 기존의 경쟁자뿐 아니라 언제 어디서 등장할지 모르는 시장 파괴자들에 대한 대응도 필요하게 되었다. 이를 반대 입장에서 보면, 누구라도 디지털 혁신기술을 바탕으로 기존의 철옹성 같은 시장을 파괴할 수 있는 시장 파괴자가 될 수 있다는 의미이기도 하다.

확실한 목표시장
(Target Market)을 찾자

신규사업을 추진하는 기업이나 새로운 사업 아이템으로 창업을 하는 사업가들이 가장 많이 고민하는 부분 중 하나가 내가 가지고 있는 사업 아이템으로 어떤 시장을 공략해야 성공할 수 있을지에 대한 전략 수립이 아닌가 생각한다. 이를 위해서는 객관적이고 구체적인 시장분석이 필요하며, 여기서는 시장분석 방법 중 하나인 탬-샘-솜 TAM-SAM-SOM 분석기법에 대해 알아보고자 한다.

탬 TAM[5]이란 말 그대로 사업 아이템과 관련 있는 전체 시장을 의미한다. 샘 SAM[6]은 가지고 있는 사업 아이템으로 접근 가능한 유효

---

5 | TAM : Total Available Market
6 | SAM : Serviceable Available Market 또는 Segmented Addressable Market

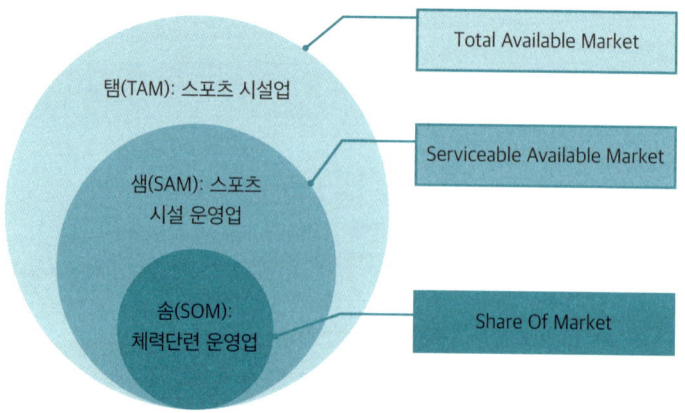

그림 56. 탬-샘-솜 시장 분석 사례

시장을 말한다. 마지막으로 솜SOM[7]이란 사업 초기에 공략할 시장으로 흔히 목표시장Target Market이라고도 한다. 이에 대한 이해를 좀 더 쉽게 하기 위해 창업 준비 중인 사업 아이템을 가지고 탬-샘-솜 기법을 통해 어떻게 시장분석을 하였는지 살펴보도록 하겠다.

우선 계획하였던 사업 아이템은 '전용 스마트 밴드를 활용한 헬스클럽 회원관리 서비스'로 최근 건강에 높은 관심을 보이고 규칙적인 운동을 통해 꾸준히 건강관리를 하고 싶어하는 시니어 세대(p.160 Kevin 고객카드 참조 바람)를 대상으로 한 헬스클럽 회원관리 서비스이다.

문화체육관광부에서 발표한 '2018 스포츠산업 실태조사 결과보고서'에 따르면 우리나라 스포츠 산업은 크게 스포츠 시설업, 스포

---

7 | SOM : Serviceable Obtainable Market 또는 Share of Market

스포츠산업 특수분류			2016 기준 조사	2017 기준 조사	증감
	코드	분류			
		전체	95,387	101,207	
스포츠 시설업	스포츠 시설 운영업	1010101 실내 경기장 운영업	88	93	5
		1010102 실외 경기장 운영업	90	101	11
		1010103 경주장 운영업	17	17	0
		1010201 종합 스포츠시설 운영업	841	883	42
		1010202 체력단련시설 운영업	7,345	8,381	1,036
		1010203 수영장 운영업	319	365	46
		1010204 볼링장 운영업	606	670	64
		1010205 당구장 운영업	11,715	13,565	1,850
		1010206 골프연습장 운영업	7,092	7,391	299
		1010207 스포츠 무도장 운영업	192	190	-2
		1010208 체육공원 운영업	44	44	0
		1010209 기원 운영업	845	860	15
		1010301 골프장 운영업	449	450	1
		1010302 스키장 운영업	16	16	0
		1010401 낚시장 운영업	674	840	166
		1010499 기타 수상스포츠시설 운영업	619	703	84
		1019900 기타 스포츠시설 운영업	2,611	2,969	358
	스포츠 시설 건설업	1020001 스포츠시설 조경 건설업	521	677	156
		1020002 스포츠 토목시설물 건설업	140	148	8

표 2. 스포츠 시설업 분류 (출처: 문화체육관광부 "2018 스포츠산업 실태조사 결과 보고서")

츠 용품업, 스포츠 서비스업 등 3개 업종으로 분류된다. 사업 아이템과 연관된 전체 시장, 즉 탬$_{TAM}$은 스포츠 산업 전체로 볼 수도 있고 스포츠 시설업으로도 규정할 수 있으나, 여기서는 스포츠 시설업으로 선정하였다.

좀 더 세부적으로 들어가면 스포츠 시설업은 스포츠 시설 운영업과 스포츠 시설 건설업으로 나누어지는데, 나는 스포츠 시설 운영업을 샘SAM으로 규정했다.

　마지막 단계인 솜SOM의 경우, 스포츠 시설 운영업이 다시 실내 경기장 운영업, 실외 경기장 운영업, 체력단련시설 운영업, 수영장 운영업 등 다양한 형태의 운영업으로 세분되어 있어, 이중 헬스클럽에 가장 근접한 업종인 체력단련 운영업으로 정하였다.(그림 56, 표 2 참조)

　이렇듯 가능한 객관적이고 수치화된 시장조사 자료를 바탕으로 시장 세분화 작업을 진행하고, 이를 통해 사업을 전개할 시장에 대해 탬-샘-솜을 정의함으로써, 사업 초기에 필요한 사업전략은 물론 사업을 확대 성장시키기 위한 시장 확대 전략을 단계적으로 수립할 수 있다.

　여기서 중요한 점은 사업 초기일수록 집중적으로 공략하여야 하는 목표시장Target Market, SOM을 가능한 최소화하여 구체적으로 규정해야 한다는 것이다. 그래야만 이를 바탕으로 한 비즈니스 모델을 더욱 실질적으로 실행할 수 있으며, 결과적으로 사업 초기에 확실한 사업기반이 되는 베이스 캠프Base Camp를 구축할 수 있다.

　이렇게 확고하게 구축된 베이스 캠프를 기반으로 시장 확대전략이나 사업 확대전략을 단계적으로 전개해 나가는 것이 성공적인 사업을 이룰 수 있는 확률을 높일 수 있으며, 설령 실패하게 되더라도 베이스 캠프로 되돌아와 전열을 가다듬고 재도전할 수 있는 여력이 생기게 되는 것이다.

빼고, 줄이고, 늘리고, 새롭게
_ ERRC 전략

앞에서 2005년 당시 차년도 신상품 기획할 때의 사례를 언급했다. 그때 고객 입장에서 무엇이 필요할까 하는 새로운 관점에서 찾아낸 상품 콘셉트인 '예쁜 TV'를 잘 살릴 수 있는 보르도 TV 상품기획 안을 어떻게 구체화해야 할지 고민했었다. 사내 브이아이피VIP[8] 센터에서 운영하는 혁신상품 창출 프로그램에 참가하여 상품 콘셉트 구체화 작업을 위한 방법론으로 블루오션 전략Blue Ocean Strategy[9]에 나오는 이알알씨ERRC[10]전략을 활용하기로 했다.

8 | VIP : Value Innovation Program
9 | Blue Ocean Strategy : 프랑스 인시아드Insead 경영대학원 김위찬 교수와 러네이 모본 Renée Mauborgne 교수가 공동 집필한 경영전략 논문으로, 2005년 동명의 책으로 출간돼 43개 언어로 350만 부 이상 팔리는 베스트셀러가 됨.
10 | ERRC : Eliminate or Erase, Reduce, Raise, Create

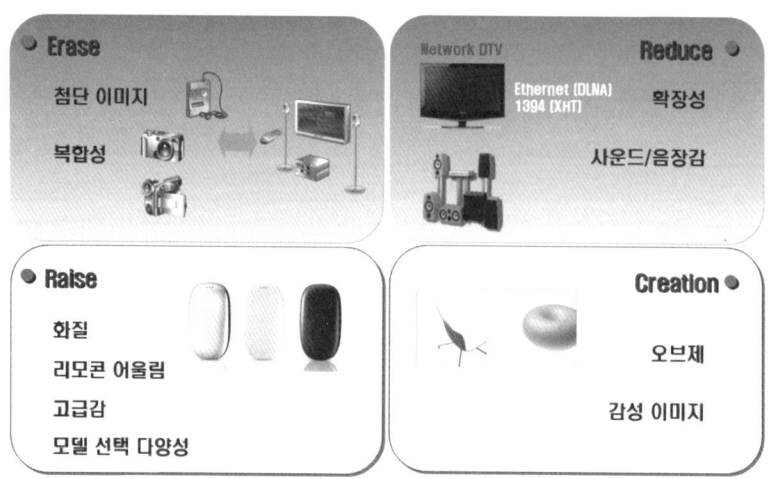

그림 57. 보르도 TV 상품콘셉트 구체화

    이알알씨$_{ERRC}$ 전략이란 말 그대로 상품 콘셉트를 구체화함에 있어 고객에게 전달할 가치가 약한 것은 과감하게 빼거나 줄이고, 고객이 진정으로 원하는 가치는 늘리거나 새로 만드는 것이다. 이를 통해 보르도 TV 상품 콘셉트를 그림 57과 같이 확정 지었다.

    하이테크 기반 다양한 기기들과의 연결성을 빼거나 줄이고, 또한 TV 제품에서 중요하다고 생각했던 사운드 성능을 줄이기로 했다. 대신에 TV 화질을 대폭으로 향상시키고, 댁내 인테리어에 잘 맞는 감성 이미지를 살린 디자인을 새롭게 제공하기로 했다. 사실 TV 사운드 성능을 기존보다 다소 낮추기로 한 부분에 있어 많은 갑론을박이 있었지만, 최종적으로 고객에게 새롭게 제공할 가치인

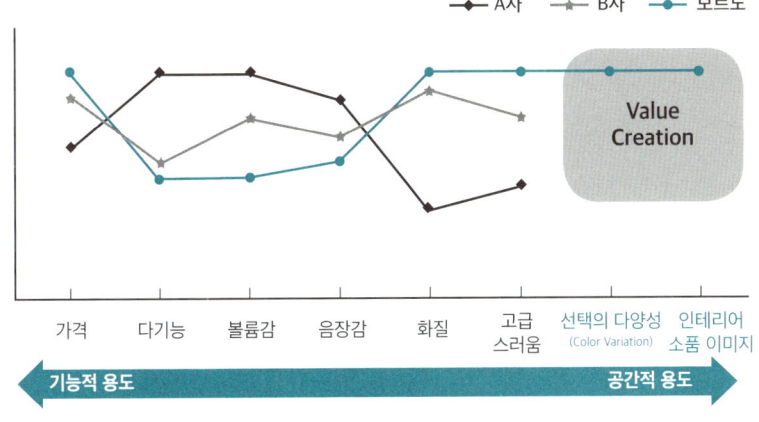

그림 58. 보르도 TV 가치곡선 (Value Curve)

오브제 콘셉트의 디자인을 살리기 위해 과감하게 결정하였다.

이렇게 결정된 이알알씨ERRC 전략을 바탕으로 가치 곡선Value Curve 형태로 보르도 TV의 최종제품 콘셉트를 만든 것이 그림 58이다.

통상적으로 새로운 상품을 기획 할 때 기존에 있는 기능들은 대부분 유지한 채 어떻게 새로운 기능을 더 적용할지에 집중하였다. 그러나, 이알알씨ERRC 전략에서는 빼거나 줄일 것을 먼저 고민하라고 하니 이 부분을 진행하는 과정이 가장 힘들었고, 시간도 오래 걸렸다. 하지만 결과적으로 보면 새로운 기능을 추가하거나 성능을 향상시키려는 방안보다는 고객의 관점에서 있으면 좋지만 그렇다고 꼭 필요하지 않는 부분을 과감하게 빼거나 줄여, 고객을 위한 핵심가치에 집중할 수 있도록 한 부분이 이알알씨$_{ERRC}$ 전략의 가장 중요한 포인트였던 것이다.

05
사업모델(Business Model) 만들기

제품이나 서비스를 판매하는 기업이든 이를 구매하고 사용하는 사용자든 경제활동을 하는 모든 주체는 한정된 사원을 효과적으로 이용하여 최대의 만족을 얻기 위해 노력한다. 이러한 '최소의 비용, 최대의 효과'라는 경제 행위가 자본주의 시장경제에서는 가장 근본적이고 중요한 경제 원칙 중 하나이다.

이러한 원칙하에 각 기업이 수립하는 사업전략Business Strategy에는 어떻게 고객가치를 창출하고, 경쟁우위를 확보하며, 어떻게 비용을 줄이고 매출을 올려 궁극적으로 영업이익을 극대화할 것인가에 초점이 맞추어져 있다. 이렇게 수립된 사업전략을 바탕으로 전략을 실행하기 위한 방안을 구체적으로 만드는 것이 사업모델Business

Model이며, 이를 수립하는 데 있어서 반영되어야 할 4가지 핵심요소는 다음과 같다.

1. 고객에게 제공할 가치 제안 (Value Proposition)

: PART 03에서 살펴본 '밸류 프로포지션 디자인'을 통해 우리는 고객이 원하는 것을 제공하기 위해 어떤 가치 제안을 할 것인지에 대해 알아보았다. 여기서 말하는 가치 제안이란 고객에게 제공하고자 하는 제품이나 서비스 자체를 의미하는 것은 아니라는 점에 유념하여야 한다. 다시 말해 가치 제안이란 제품이나 서비스를 통해 고객에게 실질적으로 제공하고자 하는 가치$_{Value}$가 무엇인지를 제안하는 것으로 고객이 이 제품이나 서비스를 왜 사야 하는지를 명확히 나타내야 한다.

2. 목표 고객 (Target Customer)

: 우리는 PART 02에서 20세기 말 이후 시대별로 변화하는 4대 세대, 즉 베이비 부머, XYZ세대의 특성과, 디지털 네이티브$_{Digital\ Native}$과 디지털 이미그란트$_{Digital\ Immigrant}$ 세대의 차이에 대해서도 알아보았다. 그 외에도 욜로족, 코스파족, 싱글족 등 인구 통계학적 분석 및 사회 트렌드 분석을 통한 다양한 고객층들의 특성을 이해하였다. 이러한 고객 이해를 바탕으로 제공하고자 하는 고객가치와 가장 잘 매칭되는 목표 고객층을 선정하고, 고객 페르소나 (persona, p.148 참조)를 완성하여 이들에 대한 특성을 쉽게 이해할

수 있도록 정리하면 된다.

3. 기업의 역량 (Capability)

: 계획하고 있는 사업모델Business Model을 실행하는데 필요한 핵심적인 활동(제품개발, 생산, 공급, 마케팅, 판매 등)과 이러한 활동을 하는데 필요한 기업의 자원Resource[11]을 의미한다. 또한 자체적으로 운영하기 어려운 부분을 해결하기 위한 외부와의 협력 관계 또한 기업의 중요한 역량 중 하나이다.

4. 기업의 재정 (Finance)

: 사업모델 수립에 있어서 가장 중요한 항목으로, 이 사업모델을 통해 얻을 수 있는 예상 매출 또는 수입 규모를 산출하고, 이를 실행하는데 소요되는 예상 비용Cost 및 비용 구조를 분석함으로써, 계획하고 있는 사업모델이 이익을 낼 수 있는 것인지, 이익이 난다면 언제부터 날 수 있는지[12] 예측해 볼 수 있다.

사업모델을 작성하는 방식도 다양한 형태로 존재하고 있으나, 앞에서 살펴본 사업모델의 4대 핵심요소를 한 장One Page에 정리할 수 있는 비즈니스 모델 캔버스Business Model Canvas라는 기법을 활용하여 앞에서 설명한 사업 아이템을 사례로 설명하고자 한다.(실제 많

---

11 | Resource : 물적 자원, 인적 자원, 재무적 자원, 지적 자원 등
12 | 손익분기점 : Black Even Point

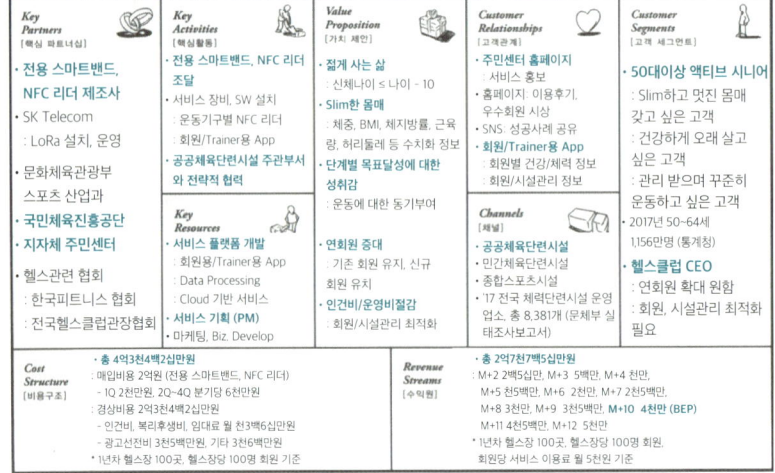

그림 59. 비즈니스 모델 캔버스 작성 사례

은 기업이나 스타트업에서 사용하고 있으며, 작성에 필요한 상세 내용은 '비즈니스 모델의 탄생Business Model Generation'이라는 책을 참조하기 바람)

비즈니스 모델 캔버스는 고객 세그먼트Customer Segments, 가치 제안Value Proposition, 채널Channel, 고객 관계Customer Relationships, 핵심 활동Key Activities, 핵심 자원Key Resources, 핵심 파트너십Key Partnerships, 수익원Revenue Streams, 비용구조Cost Structure 등 9개 항목으로 구성되어 있다. 이를 '전용 스마트 밴드를 활용한 헬스클럽 회원관리 서비스'와 접목해 작성해 보았다.

나의 경우 비즈니스 모델 캔버스 항목 중 가장 먼저 정리하는 것이 고객 세그먼트와 가치 제안이다. 여기서는 앞서 작성한 Kevin 고객카드를 바탕으로 규칙적인 운동을 통해 꾸준히 건강관리를 하고 싶어 하는 50대 이상 활동적인 시니어 세대를 목표 고객으로 하고 있다. 서비스 구매결정권을 가지고 있는 헬스장 운영대표들도 고객 세그먼트에 포함하여 정리하였다.

가치 제안의 경우 헬스클럽 회원관리 서비스를 통해 실제 나이보다 10세 이상 젊은 신체나이, 체중, 신체질량지수$_{BMI}$[13], 체지방률, 허리둘레 등 몸매와 관련된 지수관리를 통한 슬림$_{Slim}$한 몸매, 단계별 지수목표 관리로 인한 운동에 대한 동기부여 및 목표달성에 따른 성취감 등을 뽑았다. 헬스클럽 운영자를 위해서는 연회원 증대에 따른 매출 증대, 회원, 시설관리 최적화에 따른 인건비, 운영비 절감을 고객가치로 제안하였다.

다시 한번 강조하는 것은 가치 제안은 고객에게 제공하는 제품이나 서비스가 아니라 이를 통해 고객이 경험하는 가치를 제안하는 것이다. 따라서 고객이 이 제품이나 서비스를 왜 구매해야 하는지를 명확히 정리하여야 한다.

고객 세그먼트와 가치 제안이 정리되면 다음으로 고객이 가치 제안을 경험할 수 있는 채널과 가치 제안을 홍보하고, 교육하고, 지속적으로 경험할 수 있도록 활동하는 고객관계를 정리한다. 이 사례의 경우 목표고객들이 운동 할 수 있는 헬스장을 채널로 잡았으며, 여기에는 공공체육단련시설, 민간체육단련시설, 종합스포츠

---

13 | BMI : Body Mass Index

시설 등 다양한 형태의 헬스장이 있어 더욱 구체적으로 기술하였다. 또한 문화체육관광부에서 발표한 '2018 스포츠산업 실태조사 결과보고서'에서 국내 체육단련시설 운영업소가 2017년 기준 총 8,381개라는 내용을 바탕으로 목표시장 규모도 확인하였다.

고객 관계에 있어서는 1차 목표로 하는, 공공체육단련시설을 이용하는 고객들이 많이 이용하는 주민센터 홈페이지를 통해 서비스를 홍보하는 방안을 잡았다. 서비스 이용 고객이 늘어나면 자체 웹사이트나 SNS 활동 등을 통해 고객들이 서비스 이용 후기를 올릴 수 있도록 하고, 우수 회원에 대한 시상 이벤트, 성공사례 공유 등을 통해 서비스를 이용하는 고객들이 소통할 수 있는 온라인 커뮤니티를 활성화 시키는 방안을 수립하였다. 또한 회원용 애플리케이션Application을 제공하여, 회원 각자가 자신의 건강 상태, 운동 내역, 관리 프로그램 현황 등을 실시간으로 확인할 수 있도록 함으로써 고객 관계를 확고히 구축할 계획을 정리하였다.

이어서 기업의 역량 측면에서 점검해야 할 항목들은 핵심활동, 핵심자원, 핵심 파트너십이다. 사업모델 전개에 필요한 핵심활동을 먼저 정리하고, 이를 자체적으로 실행하는 부분을 핵심 자원에, 외부 아웃소싱Out-Sourcing하는 부분을 핵심 파트너십에 정리하였다.

이 사업 아이템의 경우 고객에게 제공하여야 할 전용 스마트 밴드와 운동기구별로 설치하여야 할 엔에프씨 리더NFC Reader 제품은 전문업체에서 조달하고, 회원관리 서비스 플랫폼은 자체 개발, 운영하려는 계획에 따라, 제품 조달할 협력사를 핵심 파트너십 항목에, 서비스 플랫폼 개발 인력 및 조직 등을 핵심자원에 기재하였다. 또한 헬스장별로 서비스 운영을 원활하게 하기 위해 필요 장비와 소프트웨어Software를 설치하는 활동이 매우 중요하기 때문에 핵심활동에 추가하였다.

마지막으로 이러한 사업모델 활동을 통해 발생하는 예상 매출 규모를 산출하는 수익원 항목과 이러한 활동에 필요한 비용을 분석하는 비용구조 항목을 정리하면 하나의 사업모델이 완성된다. 수익원과 비용구조 분석을 통해 계획하는 사업모델이 이익Profit을 만들어 낼 수 있는지, 그래서 사업을 지속적으로 운영하고 성장 시켜 나갈 수 있는지를 판단할 수 있기 때문에 최대한 객관적이고 구체적 근거를 바탕으로 한 분석이 필요하다.

이 경우 사업 1년 차 서비스 목표를 헬스장 100곳(전국 체육단련시설 8,381개 / 공공체육단련시설 약 30% / 목표 시장점유율 4% 기준), 헬스장 당 회원 100명으로 세웠다. 헬스장 100곳 확보 계획도 월별로 수립하여, 이를 기준으로 월별 예상 매출을 산출하였다. 비용구조에 있어서도, 핵심활동을 토대로 이에 필요한 인건비, 임대료, 장비 구입비, 제품 매입비 등을 월별 헬스장 확보 계획과 연동하여 산출하였으며, 이외에도 마케팅 활동비, 기타 운영비 등도 포함하여 예상되는 총비용을 산출하였다.

사업 1년 차 비용 분석을 통해 월평균 소요 비용을 산출할 수 있고, 이를 월별 매출과 비교하여 사업 후 어느 시점에 손익분기점에 도달할 수 있는지도 예측해 볼 수 있었다.

이 사례의 경우 사업 1년 차 월평균 소요비용은 4천만 원으로, 계획대로 헬스장과 회원을 확보한다면 사업 시작하고 10개월 되는 시점에서 매출과 비용이 같아지는 손익분기점에 도달하는 것으로 예측되었다.

　비즈니스 모델 캔버스는 한번 작성으로 끝나는 것이 아니라 사업을 시작하면서 계속 업데이트 하여야 한다. 특히 수익원과 비용구조 항목은 목표 대비 진행 상황을 비교 점검하며 수시로 재산출하여야 한다. 또한 목표 대비 차질이 나는 부분에 대해서는 신속히 원인분석을 하고 개선 방안을 수립하여, 이를 사업 모델 해당 항목에 즉각 반영하여야 한다.

남과 다른 나만의 색깔은?
_ POD, POP

서울대 소비 트렌드 분석센터에서는 '트렌드 코리아 2018'이라는 책을 통해 2018년 10대 소비 트렌드를 전망하였으며, 이중 "매력, 자본이 되다.[14]"라는 키워드를 소개하면서 "이제 작은 상품 하나도 적극적인 매력 어필을 통해 소비자의 관심을 끌어들이고 존재감을 확인하는 시대다. 상품의 공급과잉이 일반화된 현대사회에서 만성적인 '선택 장애'를 겪고 있는 소비자들에게 '매력'은 가장 강력한 구매요인이다."라며 '매력'의 중요성을 설명하고 있다. 또한 "기업들 또한 하루가 다르게 쏟아져 나오는 수많은 상품 중 자사의 제품과 서비스를 확실하게 어필하기 위해서는 강한 매력이 필수다."라고 강조하고 있다.

소비자들은 구매를 결정하는 과정에서 매우 다양한 행동 패턴을 보이고, '최소의 비용으로 최대의 효과'를 얻기 위해 가격, 성능, 브랜드 등 다양한 측면에서 종합적인 비교 분석을 한다. 어느 한 항목의 만족도가 낮더라도 다른 항목들의 만족도가 높으면 구매를 결정하는 것이 일반적인 소비자 의사결정 과정이었다.

하지만 수많은 신제품과 서비스들이 시장에 계속 나오고 있는 현시점에서 소비자들이 이러한 비교분석을 통해 구매 결정을 하기에는 비교해야 할 대상도 많을 뿐 아니라 시간도 많이 걸리는 불편함이 있다. 따라서 필요로 하는 단 하나의 기준으로 구매를 결정하는 비보상적 의사결정 패턴이 늘어나고 있다. 이러한 소비자 변화에 초점을 맞춘 것이 매력 어필이다.(표준국어 대사전에서는 매력을 "사람의 마음을 사로잡아 끄는 힘"이라고 설명하고 있음)

최근 '마블리'라는 애칭으로 불리는 배우 마동석이 팬들로부터 많은 사랑을 받고 있다. 이 배우는 그간 통상적으로 알고 있는 인기 남자배우들의 이미지, 즉 훤칠한 키에 늘씬한 몸매, 잘생긴 얼굴 등과는 거리가 있는 외모로 이전 같으면 조폭 영화에 나오는 건달 역할이 적격일 것 같은 분위기가 느껴진다. 그는 영화 '부산행', '범죄도시' 등에서 외모에 걸맞은 괴력의 남자 캐릭터를 보여준다. 또한, 영화 '굿바이 싱글'에서 여주인공이 저질러놓은 온갖 사고를 뒷수습하는 코믹한 캐릭터도 보여주는 등 엄청난 근육질의 외모에도 불구하고 귀여운 반전의 매력까지 어필하고 있다.

그에게 붙여진 '마블리'라는 애칭도 마동석이라는 이름에 귀엽고 예쁘다는 뜻의 블링블링이라는 단어가 합쳐진 것이라고 한다. 이외에도 '마요미(마동석+귀요미)', '마쁜이(마동석+예쁜이)' 등의 애칭도 있다. 이렇듯 그만이 가진 반전의 매력을 성공적으로 어필하여 최근 영화계에서 가장 인기 있는 대세 배우가 된 것도 매력 어필의 좋은 성공 사례라 생각된다.

신제품이나 서비스에 대한 마케팅 활동에서도 피오디$_{POD}$[15]와 피오피$_{POP}$[16]를 정리하는 것이 고객에게 제공할 가치를 명확히 전달하기 위해 중요하다. 여기서 말하는 피오디란 시장에서 경쟁이 예상되는 제품이나 서비스 대비 어떤 차별화 가치를 제공할 수 있는지를, 피오피란 경쟁 제품이나 서비스의 강점을 상쇄시킬 수 있거나 그 시장에서 필요로 하는 가치를 의미한다. 타사 제품이나 서비스와의 경쟁에서 우위를 확보하기 위해서는 피오피도 중요하지만 결국 피오디가 고객에게 어필할 수 있는 그 제품이나 서비스의 내력 포인트이다.

2009년 삼성전자에서 LED TV를 새롭게 시장에 선보일 때도 LED TV가 가지고 있는 많은 장점 중에서 어떤 것을 피오디로 하고, 어느 것을 피오피로 할지에 대해 많은 고민을 하였다. 이를 선정하는 과정 중에 갑론을박도 많았지만, 프리미엄$_{Premium TV}$ 시장에 잘 매칭되는 고객들에게 LED TV의 가치를 명확하게 전달하기 위

---

15 | POD : Point Of Difference
16 | POP : Point Of Parity

해서는 TV 제품에서 가장 중요하게 여기는 고객가치 중 하나인 화질을 LED TV의 매력 포인트로 하기로 결정하였다. 기존의 형광등 광원 대비 LED 광원이 가진 우수한 특성을 바탕으로 색 재현력을 대폭 향상시킨 화질Picture Quality을 피오디로, LED 광원 적용으로 가능한 슬림한 디자인, 친환경 절전 성능을 피오피로 정하고, 이를 기반으로 LED TV에 대한 출시 전략을 수립하였다.

　이렇듯 타깃 고객에게 맞춰진 제품이나 서비스의 피오디는 시장에서 경쟁하는 제품이나 서비스와는 다른 나만의 매력 포인트이며, 남과 다른 나만의 색깔인 것이다. 이러한 나만의 매력 포인트, 나만의 색깔은 고객들이 느끼는 제품이나 서비스의 브랜드 이미지Brand Image와 밀접하게 연결되기 때문에 피오디, 피오피 전략은 브랜드 전략과 연계하여 전개하여야 한다.

07

어떻게 알릴 것인가?

일본 닛케이(日經) 신문에 실린 2018년 6월 15일 자 기사에 따르면 일본의 대형 광고회사 덴쓰(電通)는 2018년 세계광고 시장 매출액이 6,135억 달러에 이를 것으로 예상되며, 2019년은 전년도 대비 3.8% 증가한 6,367억 달러가 될 것으로 발표하였다. 한 해 700조에 가까운 엄청난 규모의 돈이 고객에게 홍보하기 위해 사용되고 있다는 사실에 놀라움을 감출 수 없다. 또한 컴퓨터, 모바일폰 등 디지털 미디어를 통한 디지털 광고 시장규모가 TV, 라디오, 신문, 잡지 등 4대 미디어로 대표되는 전통적인 광고 시장규모를 2019년에는 앞지르고, 이후로도 디지털 광고시장 비중이 계속 증가할 것으로 예상한다.

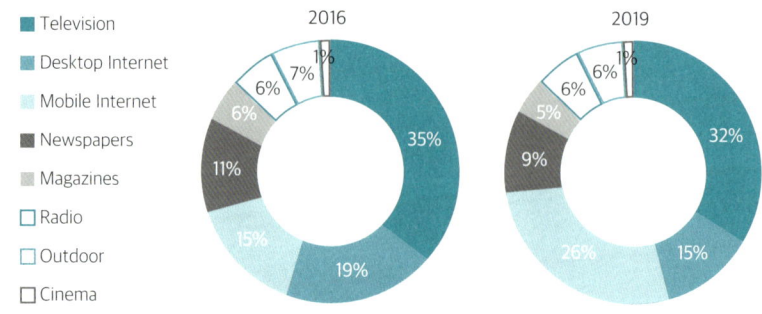

그림 60. 매체별 글로벌 광고비 비중 (출처: Zenith Optimedia, Q3 2016)

우리나라 광고시장도 예외는 아니다. 2018년 총 광고비는 11조 7000억 원 규모였다. 이중 디지털 광고비는 약 4조4천억 원으로 사상 처음 4조 원대를 돌파하였으며, 처음으로 TV 광고와 라디오 광고를 합친 금액을 넘어섰다. 놀랍게도 세계에서 디지털 광고 비중이 가장 높은 나라는 중국으로 2018년 65.3%였으며, 2019년에는 69.5%까지 늘어날 것으로 예상하고 있다.

디지털 광고시장이 점차 확대되어 전통 미디어 광고시장을 추월하는 추세는 닐슨 코리안클릭Nielsen Koreanclick에서 2017년 조사한 국내 세대별 3 스크린3 Screen[17] 이용 형태 자료를 봐도 쉽게 이해할 수 있다.

그림 61에서 알 수 있듯이 베이비 부머 세대(이 그림에서는 디지

17 | 3 Screen : TV, 컴퓨터, 모바일폰

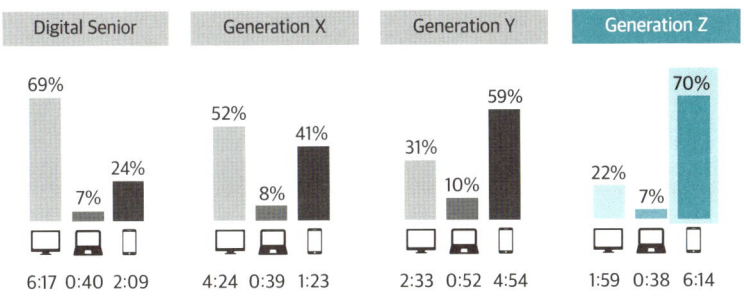

그림 61. 3 스크린 이용형태 (출처: 닐슨 코리안 클릭 (2017.02))

털 시니어라고 표기함)의 경우 TV 평균 이용 시간이 6시간 17분인데 비해 컴퓨터나 모바일폰을 이용하는 비중이 30% 수준에 그쳤다. 반면 세대가 젊어질수록 TV 이용 시간이 줄고 모바일폰 이용 시간이 늘어나는 성향을 보인다. 특히 Z세대의 경우 모바일폰 사용시간이 70% 비중을 차지할 정도로 베이비 부머 세대와는 확연히 다른 차이를 보이고 있다. 이렇듯 TV보다 컴퓨터나 모바일폰을 이용하는 시간이 늘어나면서 광고업계가 디지털 광고시장에 더 큰 관심을 보이는 것은 당연한 결과이고, 디지털 미디어를 통한 광고에 더 집중하게 되는 것이다.

　광고 집행에 있어서도 기존의 전통적 미디어를 통한 광고와 디지털 광고는 확연한 특성 차이를 보이고 있다. 먼저 전통적 미디어로 대표되는 TV 광고의 경우 광고를 전달하는 대상이 불특정 다수이고, 광고를 제작하고 집행하는데 들어가는 비용 또한 굉장히 비싸다. 또한 정해진 시간에 방송이 가능한 지역에 일방적으로 광고를 전달하지만, 이렇게 집행된 광고효과를 측정하기는 쉽지 않으며, 시청률을 통한 간접적인 측정 정도에 만족해야 한다. (사실 라디오, 신문, 잡지 등 다른 미디어 광고도 이와 유사한 특성을 나타낸다.)

이에 비해 디지털 광고는 제작이 용이하고 제작, 집행 비용도 상대적으로 저렴하며, 추천 기술 등을 통해 목표 고객에게 타깃 광고를 할 수 있다. 또한 언제 어디서나 광고를 집행할 수 있으며, 고객의 반응을 유도할 수 있는 인터랙티브Interactive한 광고도 가능하며, 실시간으로 정량적인 광고 효과를 측정할 수 있는 장점도 있다.

세대 변화에 따른 광고시장의 변화는 매체에만 국한된 것이 아니며, 광고를 전달하는 광고모델에도 많은 변화를 가져왔다. 전통적 미디어 광고 시장에서는 일반인들에게 잘 알려진 유명 연예인이나 운동선수 등 소위 셀럽(Celebrity의 준말)들이 광고모델로 많이 등장했다.

하지만 디지털 네이티브로 대표되는 세대들은 셀럽보다는 유튜브, 페이스북, 인스타그램 등에서 많은 구독자Follower를 확보하고 있는 인플루언서Influencer에게 높은 친밀감과 호감도를 가지며, 이들의 행동을 따라 하거나, 이들이 제공하는 정보에 높은 신뢰감을 보인다. 이렇게 인플루언서들의 영향력이 커짐에 따라 많은 기업은 이들과의 협업을 통한 '인플루언서 마케팅' 활동을 점차 확대해 나가고 있다.

이러한 광고시장의 변화는 중소기업이나 스타트업 회사들에게 자사의 제품이나 서비스를 광고할 수 있는 좋은 기회를 제공한다. 다시 말해 새로운 제품이나 서비스를 광고함에 있어 나만의 매력 포인트를 광고에 잘 녹여내고, 이를 타깃 고객에게 전달한다면 '최소의 비용으로 최대의 효과'를 낼 수 있는 디지털 광고 집행이 가능하게 될 것이다.(앞서 소개된 "기발한 광고들로 B급 감성을 잡는다"에 나오는 환경부에서 제작한 공익광고 "쓰레기도 족보가 있다.[18]"나 우아한 형제들이 제작한 "우리가 어떤 민족입니까?"라는 광고들이 좋은 사례이다.)

---

18 | I am your father.

나만의 이미지 만들기
_ Brand 전략

　영국의 브랜드 평가기업 '브랜드 파이낸스Brand Finance'에서는 매년 세계 500대 브랜드를 발표하는데, 기업의 글로벌 브랜드 가치를 평가하는 공신력 있는 지표로 널리 알려져 있다. 2019년 1월 스위스 다보스에서 열린 세계 경제포럼World Economic Forum에서 발표한 2019 세계 500대 브랜드 보고서Global 500 2019를 보면 아마존, 애플, 구글, 마이크로소프트, 삼성 등 세계 유수의 기업들이 TOP 5 랭킹에 있다.(100위권 내에 있는 국내기업으로는 5위 삼성, 79위 현대자동차, 91위 LG 등 3개 업체가 전부여서 아쉬움이 많았다.)

　사실 이 보고서를 보고 가장 주목한 부분은 기업별 브랜드 순위보다는 브랜드 파이낸스 CEO 데이비드 헤이David Haigh가 보고서 서문에서 얘기한 내용이다. 그는 서문 첫 문장에서 "강한 브랜드를 만드는 목적은 고객의 마음을 끌고, 고객 충성도를 구축하며, 직원들에게 동기를 부여하는 것도 있지만 적어도 상업적 브랜드에서 가장 우선되어야 할 답은 '돈을 벌기 위함'이어야 한다.[19]"라고 설명하였다. 그는 이어서 브랜드 등 마케팅에 대한 많은 투자가 반드시 재무적 성과로 이어져야 한다고 강조하고 있다.

이렇듯 브랜드는 고객이 제품이나 서비스를 선택하는 데 있어 중요한 기준은 물론 기업을 운영하는 사업가에게도 매우 중요한 가치인 것이다. 그렇다면 브랜드란 대체 무엇인가?

표준 국어 대사전에서는 브랜드를 '상표'와 같은 말로 설명한

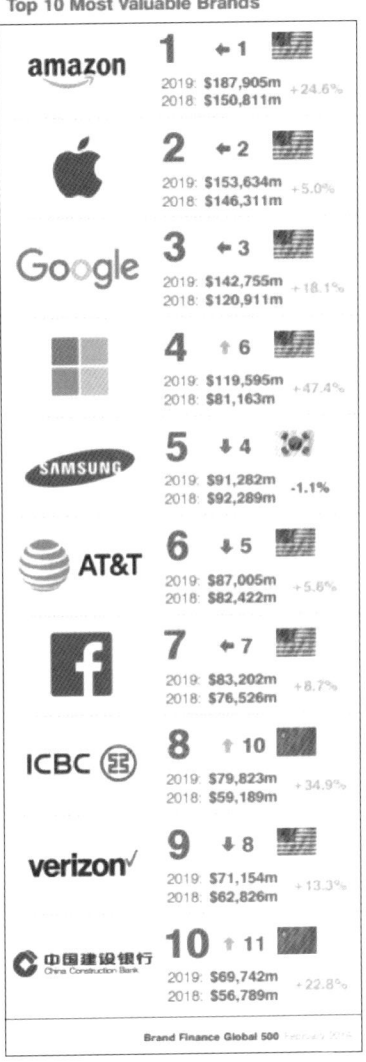

그림 62. (출처: 브랜드 파이낸스, 2019 세계 500대 브랜드 보고서)

---

19 | What is the purpose of a strong brand : to attract customers, to build loyalty, to motivate staff? All true, but for a commercial brand at least, the first answer must always be 'to make money'.

다. "사업자가 자기 상품에 대하여 경쟁업체의 것과 구별하기 위하여 사용하는 기호, 문자, 도형 따위의 일정한 표지"라고 정의하고 있다. 미국 마케팅협회에서 지원하는 '공용 마케팅 용어 사전[20]'에서도 "경쟁자와 구별되는 제품이나 서비스를 나타내는 이름, 용어, 디자인, 심벌, 또는 다른 특징[21]"이라고 유사한 정의를 하고 있다.

하지만 브랜드를 상표, 디자인, 심벌 등 물리적 객체로만 정의하기에는 한계가 있다. 오히려 시간이 갈수록 물리적으로는 다 설명하기 힘든, 고객의 마음속에 있는 눈에 보이지 않는 가치의 중요성이 점점 커지고 있는 것이다. 이러한 추세에 대응하기 위함인지는 모르겠지만, 국제 표준화 기구$_{ISO}$[22]에서는 브랜드를 "경제적 가치를 만들기 위해 이해 관계자의 마음속에 뚜렷이 다른 이미지나 연상을 이끌어 내기 위한 무형의 자산[23]"이라고 표현하고 있으며, 2019년 브랜드 평가에 대한 기준인 'ISO 20671, Brand evaluation – Principles and fundamentals'을 발표하였다.

홍성태 교수가 우아한 형제들 김봉진 대표와 주고받은 대화를 정리한 '배민다움'이란 책을 보면 김봉진 대표가 배달의 민족이라는 서비스를 통해 자신만의 브랜드를 만들어 왔던 과정이 이해하기 쉽게 잘 정리되어 있다.

20 | Common Language Marketing Dictionary; marketing-dictionary.org
21 | A brand is a name, term, design, symbol or any other feature that identifies one seller's good or service as distinct from those of other sellers.
22 | ISO : International Organization for Standardization
23 | A brand is an intangible asset that is intended to create distinctive images and associations in the minds of stakeholders, thereby generating economic benefit/values.

특히 책 제목에 나와 있듯이 남들보다 나음이나 다름이 아니라 '배민다움' 즉, '배달의 민족다움'이 곧 브랜드라는 얘기가 가장 인상 깊었다. 또한 "모든 사람을 만족시키려면 아무도 만족할 수 없고, 단 한 사람을 제대로 만족시키면 모두가 만족한다."라고 하며, 배달의 민족이 처음 타깃으로 한 고객인, B급 문화를 즐겨보는 사람들을 대상으로 그들의 눈높이에 맞는 마케팅 활동을 집중적으로 펼치고, 이를 통해 배달의 민족다운 이미지를 만들어 나간 과정들을 통해 브랜드를 고민하는 이들에게 많은 팁Tip을 알려주고 있다.(우리는 PART 02에서 B급 감성을 살려 기발한 광고를 하는 배달의 민족 사례를 살펴보았다.)

정리하면, 진행하고자 하는 사업 아이템에서 타깃 고객이 공감할 수 있는 나만의 색깔POD을 찾고, 이를 그 고객들이 자주 다니는 길목Channel에서 나만의 색깔을 일관성 있게 전달하며, 고객과의 관계를 구축할 때, 나만의 이미지가 고객들의 마음속에 형성될 것이다. 이것이 곧 나만의 브랜드가 된다.

PART
05

창업 따라잡기
사업계획서 작성

"

지금까지 우리는 다양한 고객층에 대한 분석을 통해
나의 고객이 누구인지를 살펴보았고,
이 고객들이 무엇을 원하는지 알기 위해
고객카드를 만들어 보았다.
또한 이렇게 만들어진 고객카드를 바탕으로 이 고객들이
원하는 것을 제공하기 위해 무엇을 해야 할지에 관해
정리한 비즈니스 모델을 만들어 보았다.
이제 마지막 단계로 창업을 통해 새로운 사업을 실행하기
위한 사업계획서를 작성하는 방법에 대해 알아보고자 한다.
다양한 양식의 사업계획서가 있지만 여기서는
창업 관련 정부지원 과제 중 예비창업 패키지 신청을 위해
예비 창업자들이 많이 이용하고 있는
사업계획서 양식을 활용하였다.

"

창업이란?

 "중소기업의 설립을 촉진하고 성장 기반을 조성하여 중소기업의 건전한 발전을 통한 건실한 산업구조의 구축에 기여함을 목적"으로 하는 중소기업 창업 지원법은 제1장 2조에서 "창업이란 중소기업을 새로 설립하는 것을 말한다. 이 경우 창업의 범위는 대통령령으로 정한다."라고 정의하고 있다. 또한 "창업자란 중소기업을 창업하는 자와 중소기업을 창업하여 사업을 개시한 날부터 7년이 지나지 아니한 자를 말한다."라고 하며, "초기창업자란 창업자 중에서 중소기업을 창업하여 사업을 개시한 날부터 3년이 지나지 아니한 자를 말한다."고 규정한다.

 특히 정부나 지방자치기관에서 주관하는 창업 관련 지원 과제를 준비 중인 예비 창업자나 사업을 실행 중인 창업자는 창업 시점 및

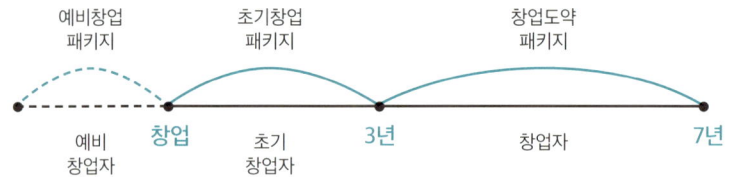

그림 63. 사업실행기간별 지원 프로그램

사업실행기간에 따라 지원할 수 있는 과제가 달라지기 때문에 창업 시점은 아주 중요하다.(창업 시점이란 정부에서 과제를 지원할 때 창업 기업으로서 자격을 갖추었는지를 인정하는 기준으로 개인사업자의 경우 사업자 등록일을, 법인사업자의 경우 법인설립 등기일을 창업시점으로 본다.)

중소벤처기업부와 창업진흥원에서 주관하는 창업 관련 지원사업의 경우 창업을 준비 중인 예비 창업자를 위한 '예비 창업 패키지', 창업 3년 이내의 초기 창업자를 위한 '초기 창업 패키지', 창업 3년 이상 7년 미만 창업자를 위한 '창업 도약 패키지', 3년 이내 재창업자를 위한 '재도전 성공패키지' 등 다양한 프로그램을 통해 창업 기업의 사업화 및 성장을 지원한다.(정부에서는 매년 1월 '정부 창업지원 사업 통합공고'를 발표한다. 이와 관련된 정보는 K-스타트업 홈페이지www.k-startup.go.kr에서 쉽게 찾아볼 수 있다.)

이외에도 중소기업 창업지원법 시행령 제4조에는 일반 유흥 주점업, 무도 유흥 주점업, 기타 사행 시설 관리 및 운영업 등 창업에서 제외되는 업종을 규정하고 있으며, 이들 업종의 경우 창업관련

제조업 부문(중분류 24개 업종)		지식집약서비스업 부문(중분류 15개 업종)	
중분류	업종	중분류	업종
(C) 10	식료품 제조업	(J) 58	출판업
(C) 11	음료 제조업	(J) 59	영상, 오디오, 기록물 제작 및 배급업
(C) 12	담배 제조업	(J) 60	방송업
(C) 13	섬유제품 제조업: 의복 제외	(J) 61	통신업
(C) 14	의복, 의복 액세서리 및 모피제품제조업	(J) 62	컴퓨터프로그래밍, 시스템 통합 및 관리업
(C) 15	가죽 가방 및 신발 제조업	(J) 63	정보서비스업
(C) 16	목재 및 나무제품 제조업	(M) 70	연구개발업
(C) 17	펄프, 종이 및 종이제품 제조업	(M) 71	전문서비스업
(C) 18	인쇄 및 기록매체 복제업	(M) 72	건축기술, 엔지니어링 및 기타 과학시술서비스업
(C) 19	코크스, 연탄 및 석유정제품 제조업	(M) 73	기타 전문, 과학 및 기술서비스업
(C) 20	화학물질 및 화학제품 제조업	(N) 75	사업지원서비스업
(C) 21	의료용 물질 및 의약품 제조업	(P) 85	교육서비스업
(C) 22	고무제품 및 플라스틱제품 제조업	(Q) 86	의료 및 보건
(C) 23	비금속 광물제품 제조업	(Q) 87	사회복지 서비스
(C) 24	1차금속제조업	(R) 90	창작, 예술 및 여가 관련 서비스업
(C) 25	금속가공제품 제조업		
(C) 26	전자부품, 컴퓨터, 영상, 음향및통신장비제조업		
(C) 27	의료, 정밀, 광학기기 및 시계 제조업		
(C) 28	전기장비 제조업		
(C) 29	기타 기계 및 장비 제조업		
(C) 30	자동차 및 트레일러 제조업		
(C) 31	기타 운송장비 제조업		
(C) 32	가구 제조업		
(C) 33	기타제품 제조업		

* 중소벤처기업부와 창업진흥원이 연구용역을 통해 창업지원정책의 주요 대상이 되는 업종을 정의

표 3. 기술기반창업 업종 분류기준 (출처 : 2017년 창업기업 실태조사)

정부지원과제에 신청할 수 있는 자격이 부여되지 않는다.
 중소벤처기업부와 창업진흥원이 공동으로 조사한 '2017년 창업

기업 실태조사'에 따르면 한국표준산업분류를 바탕으로 제조업 및 지식서비스업 등 기술기반 창업업종(대분류 C, J, M, N, P, Q, R 등)과 이외 업종(대분류 B, F, H, N, A, D, G, I, K, R, E, S, L 등) 등 크게 2개 군으로 창업 기업을 분류하고 있다. 통상적으로 이 분류기준을 바탕으로 창업을 기술창업과 생계형(소상공) 창업으로 나눈다.

기술창업이란 말 그대로 차별화된 기술이나 아이디어를 바탕으로 기존 시장에서 경쟁을 통해 사업영역을 확보하거나 새로운 시장을 창출하고 사업영역을 구축하는 창업 형태로, 우리가 지금까지 살펴본 내용도 대부분 기술창업을 하기 위해 준비해야 하는 과정이다.

생계형 창업은 일반 도소매업 및 서비스 업종 등 일반적인 소상공인 창업을 의미한다. 소상공인 보호 및 지원에 관한 법률(약칭 소상공인법) 제1장 제2조에서는 "소상공인이란 「중소기업기본법」제2조 제2항에 따른 소기업(小企業) 중 다음 각 호의 요건을 모두 갖춘 자를 말한다. 1. 상시 근로자 수가 10명 미만일 것, 2. 업종별 상시 근로자 수 등이 대통령령으로 정하는 기준에 해당할 것"이라고 소상공인을 정의하고 있다. 또한 소상공인 창업의 경우 소상공인시장진흥공단에서 주관하는 다양한 제도를 통해 사업 실행 및 성장을 위해 지원하고 있다.(여기서는 기술창업을 중심으로 내용을 전개해 나갈 것이다.)

이외에도 창업의 유형은 업종에 따라 제조업, 유통업(도·소매업), 서비스업으로 분류하거나, 이익을 추구하는 주식회사, 협동조

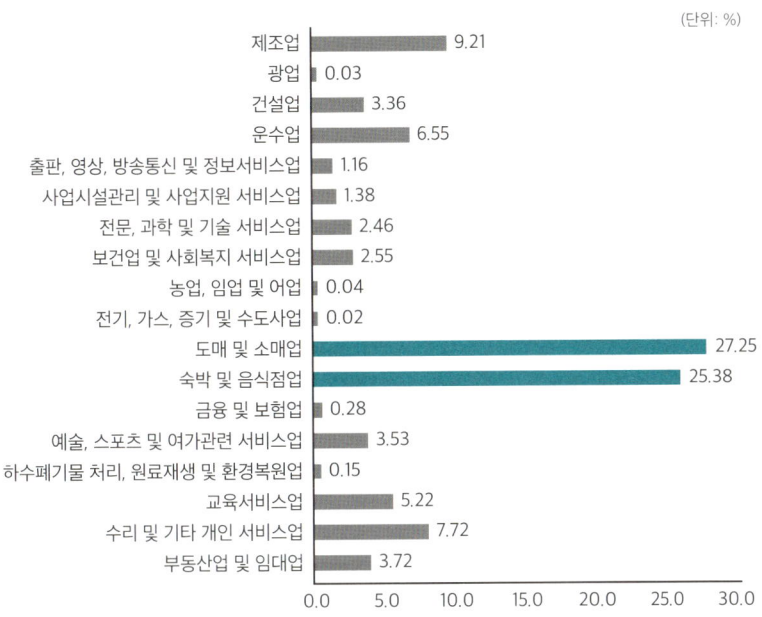

그림 64. 창업기업 업종 (출처: 2017년 창업기업 실태조사)

합 등의 영리법인과 영리를 추구하지 않는 비영리법인으로 나누기도 한다.

02

창업 절차는?

　창업을 하는 데 있어 가장 핵심이 되는 3가지 요소는 사업 아이템, 사람, 자금이다. 지금까지 우리는 성공할 수 있는 사업 아이템을 발굴하기 위한 과정을 살펴보았지만, 이에 못지않게 중요한 요소가 사람이다. 특히 창업을 주도적으로 추진하고 위험을 책임지는 창업자야말로 창업의 성공 여부를 결정짓는 가장 중요한 요소라 해도 과언이 아니다. 또한 창업자와 한 배를 타고 동고동락을 같이할 팀원들의 역량과 이들 간의 팀워크도 사업의 성공 여부를 좌우하는 중요한 요소이다.

　최근 들어 창업 관련 정부지원과제 심사에 있어서도 사업 아이템 보다 그 사업을 이끌고 갈 창업자와 팀원들의 역량과 자질에 더 많은 비중을 두고 있다고 하며 팀 구성에 있어서도 1인 창업보다는 최소 2인 이상 함께 창업하는 과제에 가산점을 주고 있다.

 자금 또한 우리가 창업을 하는데 없어서는 안될 필수 불가결한 요소이지만, 창업에 필요한 자금을 창업자나 사업을 같이할 동업자가 모두 투자하기에는 많은 부담이 따른다. 그래서 정부나 지방자치기관에서는 창업자금의 일부를 지원해줌으로써 이러한 부담을 덜어주고 창업을 활성화하려고 하는 것이다. 물론 정부지원자금이 창업 초기에는 많은 도움이 되겠지만 실제 사업을 추진하고 성장시키기 위해서는 더 많은 자금이 필요하게 되며, 사업전략에 맞는 자금확보 계획을 수립하는 것은 매우 중요하다.

 정부와 관련 부처에서 지원하는 중소기업 정책자금 유형을 보면, 창업에 필요한 소규모 자금을 지원하는 '지원자금', 신기술, 신제품 개발 및 공정혁신 개발에 필요한 개발비용을 지원하는 '기술개발$_{R\&D}$ 출연자금', 기술, 사업성이 우수한 중소기업에 장기저리로 융자해 주는 '융자자금', 주식발행을 통해 자본금을 투자받는 '투자자금' 등 크게 4가지로 구분한다. 창업 이후 사업의 성장 단계에 따라 해당하는 자금을 지원받을 수 있다.

 창업 절차는 업종에 따라 다소 상이할 수 있기 때문에 여기서는 제조업을 기준으로 하며, 법제처에서 운영하는 '찾기 쉬운 생활법령 정보' 사이트에 나와 있는 정보를 토대로 정리하였다. 창업 절차는 크게 '창업준비', '회사설립', '공장설립', '개업준비' 등 4단계로 진행된다.

 '창업준비' 단계에서는 업종 및 사업 아이템을 결정하고, 사업

그림 65. 창업절차 (출처: 중소벤처기업부, "창업공장설립가이드" p.97 참조)

타당성 분석을 통해 사업 규모, 창업 조직 등 구체적인 사업계획서를 작성한다.

'회사설립' 단계에서는 우선 회사의 법률적 형태를 개인기업(또는 개인 사업자)으로 할 것인지, 아니면 법인 형태의 기업(또는 법인 사업자)으로 할 것인지 정하여야 한다. 여기서 말하는 개인기업은 소유자(창업자)에게 종속되는 기업이고, 법인기업은 완전한 법인격을 가지고 스스로의 권리와 의무의 주체가 되며, 기업의 소유자(창업자)로부터 분리되어 영속성을 가질 수 있는 기업을 의미한다.(중소기업청 창업 절차 매뉴얼 p.24 참조) 개인기업과 법인기업은 각각의 장단점이 있는 만큼, 이를 잘 비교하여 '창업준비' 단계에서부터 사업에 적합한 기업의 형태를 검토하고 결정하여야 한다.

구분	개인기업 (개인사업자)	법인기업 (법인사업자)
창업 절차	• 필요 시 관할관청에 인허가 신청 • 세무서에 사업자등록 신청	• 법원에 설립등기 신청 • 세무서에 사업자등록 신청
자금	• 사업주 1인의 자본과 노동력	• 주주를 통한 자금 조달
사업책임	• 사업상 발생하는 모든 문제를 사업주가 책임	• 법인의 주주는 출자한 지분 한도내에서만 책임
해당과세	• 사업주: 종합소득세 과세 • 일반적으로 소득이 작을수록 개인사업자가 유리	• 법인: 법인세 • 대표자: 근로소득세 (배당 받을 경우 배당소득세)
장점	• 설립등기가 필요 없고 사업자등록만으로 사업 개시가 가능하므로 기업설립이 용이 • 창업비용과 창업자금이 비교적 적게 소요되어 소자본을 가진 창업자도 창업 가능 • 일정규모 이상으로는 성장하지 않는 중소규모의 사업에 안정적이고 적합	• 일정 규모 이상으로 성장 가능한 유망사업의 경우 적합 • 주식회사는 신주발행 및 회사채발행 등을 통한 다수인으로부터 자본조달이 용이 • 대외공신력과 신용도가 높기 때문에 영업수행과 관공서, 금융기관등과의 거래에 있어서도 유리
장점	• 기업활동에 있어 자유롭고, 신속한 계획수립, 변경이 용이 • 제조방법, 자금 운용상의 비밀유지가 가능	• 사업양도 시에는 주식을 양도하면 되므로 주식 양도에 대하여 원칙적으로 낮은 세율의 양도소득세가 부과됨. 또한 주식상장 후 양도하면 세금이 없음
단점	• 대표자는 채무자에 대하여 무한책임을 짐. 대표자가 바뀌는 경우에는 폐업을 하고, 신규로 사업자등록을 해야 하므로 기업의 계속성이 단절됨 • 사업 양도 시에는 양도된 영업권 또는 부동산에 대하여 높은 양도소득세가 부과됨	• 설립 절차가 복잡하고 일정규모 이상의 자본금이 있어야 설립 가능 • 대표자가 기업자금을 개인용도로 사용하면 회사는 대표자로부터 이자를 받아야 하는 등 세제상의 불이익이 있음

표 4. 개인기업과 법인기업의 비교 (출처: 중소벤처기업부, "창업 절차 매뉴얼", p.24~p.25)

개인기업으로 사업을 시작할 경우 별도의 회사설립 절차 없이 사업장 관할 세무서장에게 사업자등록을 신청하면 된다. 법인사업자로 사업을 시작할 경우에는 '상법'에 따른 회사설립 절차에 따라 회사설립과 법인설립등기, 법인설립신고 및 사업자등록신청을 해야 한다. 다만, 창업하려는 사업이 인·허가 대상인 경우에는 준비서류의 종류와 인·허가 승인 절차를 미리 숙지하여 관할관청에 신청해야 한다.

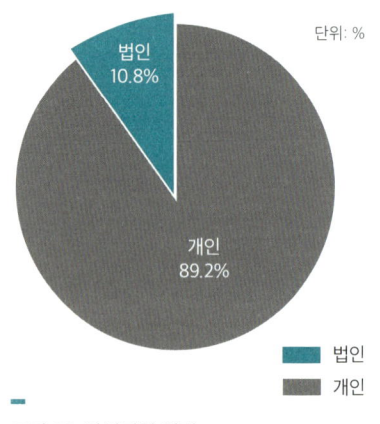

그림 66. 창업기업 형태
(출처: 2017년 창업기업 실태조사)

'공장설립' 단계는 창업하려는 사업이 제조업이어서 공장 설립이 필요한 경우에 해당한다. 부지를 선정하여 입지를 검토하고, 창업 사업계획서를 작성하여 해당 기관에 접수한 다음, 사업계획승인을 받은 후 공장 건축을 할 수 있다. 해당 사업이 도·소매업인 경우에는 상권 및 시장조사를 하여 점포계약 및 임대를 하면 된다.

마지막으로 '개업준비' 단계에서는 사업을 운영하는데 필요한 인력을 충원하고, 조직을 구성하여 사업을 개시하며, 이때 4대 사회보험과 취업규칙을 신고해야 한다. 4대 사회보험이란 국민연금, 국민건강보험, 산업재해보상보험, 고용보험으로, 근로자를 사용하는 모든 사업장은 반드시 가입해야 하는 보험을 말한다. 취업규칙이란 근로계약 관계에 적용되는 근로조건이나 복무규율 등에 대하여 사용자가 일방적으로 작성하여 자신의 근로자들에게 공통적으로 적용하는 규칙을 말하며, 상시 10명 이상의 근로자를 사용하는 사용자는 근로기준법 제93조에 의거한 취업규칙을 작성하여 고용노동부 장관에게 신고해야 한다.

정부의 다양한
지원사업

창업 관련 정부지원사업이란 창업을 활성화하고 일자리를 창출하기 위하여 창업자에게 지원하는 사업으로 창업교육, 창업시설 및 공간 제공, 멘토링, 정책자금 지원, 판로 개척 등 다양한 방식으로 진행된다. 정책 총괄기관인 중소벤처기업부 산하 창업진흥원, 중소벤처기업진흥공단, 중소기업기술정보진흥원, 소상공인시장진흥공단 등 유관기관을 통해 지원사업을 시행하고 있다.

중소벤처기업부는 매년 1월 부처별 창업지원사업(융자, 보증, 투자 미포함)을 조사하여, 지원대상, 지원규모, 일정 등을 통합 공고한다. 2019년 1월 2일 발표한 2019년도 정부 창업지원 사업 규모는 총 1조 1,180억 원으로, 부처별로는 중기부가 9,975억원으로 가장 높은 비중(89.2%)을 차지하고, 지원유형별로는 창업 사업화 (45.9%), 연구개발(33.9%), 시설·공간(13.4%) 순이다.(지원규모는 2017년 6,158억 원, 2018년 7,796억 원에서 2019년 1조1,180억 원으로 점차 증가하고 있으며, 특히 2019년의 경우 전년 대비 43.4% 증가하여 1조가 넘는 예산이 편성되었다.)

구분	중기부	행안부	고용부	과기정통부	문체부	특허청 등	합계
예산(억원)	9,975.6	362.2	280.6	152.4	116.6	293.4	11,180.8
비중	89.2%	3.2%	2.5%	1.4%	1.0%	2.7%	

표 5. 2019년 부처별 창업지원 예산규모

구분	사업화	연구개발	시설공간	창업교육	멘토링	네트워크	합계
예산(억원)	5,130.7	3,797.0	1,493.8	471.0	221.8	66.5	11,180.8
비중	45.9%	33.9%	13.4%	4.2%	2.0%	0.6%	

표 6. 2019년 지원유형별 예산규모

이렇듯 다양한 방식으로 시행되고 있는 정부지원사업에 선정되기 위해서는 우선적으로 각각의 정부지원과제에 대한 목적, 신청자격, 선정기준 등을 면밀히 살펴보아야 한다. 예를 들어 2019년 6월에 중기부에서 공개한 '2019년 예비창업패키지(일반2차) 예비창업자 모집공고'를 보면 사업목적은 "혁신적인 기술 창업소재가 있는 예비 창업자의 원활한 창업 사업화를 위하여 사업화 자금, 창업교육, 멘토링 등을 지원하기 위함."으로 되어 있다. 신청자격은 "만 39세 이하('79년 6월 4일 이후 출생)인 자로, 사업공고일까지 창업(업종 무관) 경험이 없는 자"로 한정하였다.

또한 선정 기준인 '창업 아이템 개발 동기, 사업화 전략, 시장진입 및 성과창출 전략, 대표자 및 팀원의 역량' 등으로 평가한다고 되어있다. 선정 절차는 제출되는 사업계획서를 1차 서류평가하고, 주관기관 별 지원 규모의 1.5~2배수를 발표 평가 대상자로 선발한다.

2차 발표 평가(5분 발표, 15분 내외 질의응답)를 통해 최종 선정하며, 과제에 선정될 경우 사업화 자금 최대 1억 원(평균 4천5백만 원 수준으로 지원사업에 따라 달라질 수 있다.)을 지원해 주는 것 외에 창업교육, 전담 멘토링도 정해진 기간(협약 후 10개월 이내) 동안 지원해 주는 사업이다.

또한 창업 시기에 따라 '예비창업 패키지(창업 전)', '초기창업 패키지(창업 후 3년 미만)', '창업도약 패키지(창업 후 3년이상 7년 이내)' 등의 지원사업이 있다. 또한 사업의 업종에 따라 '관광벤처 사업 발굴 및 지원(관광 분야 예비 창업자 및 창업 초기 기업)', '콘텐츠 스타트업 창업육성 프로그램(콘텐츠 예비 창업자 및 창업 후 3년 이내 기업)', '농산업체 판로지원 (창업후 7년 미만 농산업체)', '해양 신사업 인큐베이팅(예비 창업자 및 유망기업)' 등 다양한 지원사업이 있으며, 재창업자를 위한 '재도전 성공패키지(예비 및 3년 이내 재창업자)' 프로그램도 지원한다.

지원 사업 각각에 대한 신청자격, 선정기준, 신청기간 등 세부사항은 각 사업별 공고를 통해 공개되며, 이는 창업정보 포털사이트 www.k-startup.go.kr을 통해 확인할 수 있다.

사업계획서란?

 창업 관련 정부지원사업을 신청하는 모든 창업자(예비 창업자 포함)가 1차 서류평가를 위해 제출하는 서류 중 하나가 사업계획서이다. 하지만 사업계획서는 단순히 평가를 받기 위해 제출하는 서류가 아니라 실제 창업을 하고 사업을 추진해 나가기 위해 구체적인 실행계획을 정리하는 전략서이다.
 또한 사업계획서는 단순히 계획하고 있는 사업 아이템을 어떻게 개발하고 시장에 출시할지를 정리하는 것이 아니라, 무엇을 어떻게 개발하고, 생산하고, 출시하여 판매해서 매출을 발생시키고 이익을 만들어 낼지 등 사업 전반에 대한 구체적인 추진전략을 정리하는 것이다.
 사업계획서를 작성하는 목적은 내부적으로는 객관적이고 체계적으로 사업 타당성을 검토하고, 창업에 필요한 제반 요소들을 확인하며, 효율적인 자원 운용을 위해 자기 사업에 대한 전반적인 점검을 하기 위함이다.

외부적으로는 정부나 유관기관으로부터 필요한 자금을 지원받거나, 벤처 캐피탈Venture Capital, 엔젤Angel 등 외부 투자자들로부터 투자자금을 유치하기 위해 자신의 사업을 체계적으로 설명하기 위한 자료로 활용된다.

따라서 사업계획서는 사용 용도에 따라 그 목적에 맞게 작성되어야 한다. 사업에 대한 전반적인 계획을 정리하고, 팀원들과의 공감대를 형성하기 위한 내부 공유용인지, 창업자금을 지원받기 위해 정부지원사업에 신청하기 위한 것인지, 아니면 금융기관이나 엔젤, 벤처 캐피탈로부터 투자자금을 유치하기 위한 것이지 등 사업계획서를 설명할 대상이 누구냐에 따라 그 목적과 용도에 맞게 내용을 구성하고 강조할 부분을 달리하여야 한다.(사업세획서 작성법에 대한 설명은 K-스타트업www.k-startup.go.kr 사이트 내 창업에듀, 소상공인시장진흥공단에서 운영하는 지식배움터edu.sbiz.or.kr 사이트 내 온라인 교육 등에서도 동영상으로 시청할 수 있다.)

사업계획서를 작성하는 원칙에도 다양한 의견들이 있으며, 이러한 여러 원칙을 검토해 보았을 때, 가장 많이 거론되고 있는 3가지 원칙에 대해 살펴보고자 한다.

1. 객관성

  : 외부 투자자의 공감을 얻기 위함은 물론 사업의 성공확률을 높이기 위해 사업계획서는 주관적 추정을 최대한 피하고, 객관적인 자료에 근거하여 철저하게 제3자의 입장에서 작성되어야 한다. 시장전망이나 수요예측은 정부기관이나 전문기관 등 가능한 신뢰도 높은 기관의 통계 데이터를 기반으로 작성하고, 출처를 밝히는 것이 설득력을 높일 수 있다. 만일 필요로 하는 통계자료를 구하기 어렵다면 이와 연관성이 높은 자료를 바탕으로 추정하여 작성하고, 어떻게 산출하게 되었는지에 대한 논리를 명확하게 설명하면 된다. 또한 자신만의 강점에 대해서도 서술적 문구뿐만 아니라 이에 대한 타당성을 입증하는 증빙자료를 첨부하면 더욱 효과적으로 강점을 부각시킬 수 있다. 사업 개시 후 예상되는 비용, 매출 등 재무 관련 내용에 있어서도 산출 내용에 대한 합리적인 근거가 제시되어야 한다.

2. 일관성

  : 사업 동기 및 목적, 개발 및 사업화 전략, 시장분석 및 시장진출전략 등 사업을 전개함에 있어 각 분야별로 추진되는 계획 간에도 일관성을 유지하여야 한다. 예를 들면 사업목적과 부합되는 시장진출전략, 판매계획과 연계한 생산계획, 생산계획과 연계한 설비투자계획 및 자금확보계획, 개발계획과 매칭되는 인력확보 계획 등 각 부문별 운영계획이 유기적으로 연결되어 돌아갈 수 있는 사

업계획이 수립되어야 한다. 특히 시장수요, 판매목표, 매출, 비용, 투자자금 등 수치로 표현되는 항목에 대해서는 논리적으로 일관성 있게 산출되었는지 유의 깊게 살펴보아야 한다.

3. 차별성/독창성

: 기존 시장에서 타 경쟁업체와의 치열한 경쟁에서 경쟁우위를 확보하고 사업을 성공시키기 위해 어떤 차별성을 가지고 있는지, 또는 새로운 시장을 창출하기 위해 어떤 독창성을 가지고 고객을 확보하고 사업을 전개할 것인지에 대한 명확한 계획이 필요하다. 또한 이를 구현하기 위해 어떤 강점(기술, 인력 등)을 가지고 있는지에 대한 설명도 필요하다. 이러한 차별성이나 독창성은 사업 아이템에만 국한된 것이 아니라, 기존 시장에 있는 유사한 사업 아이템이라 할지라도 이를 어떻게 차별화된 또는 독창적인 비즈니스 모델로 사업화할 것인가도 포함된다.

2018년 2월 중소벤처기업부(창업진흥원)에서는 정부 창업 사업화 지원사업에 신청하는 예비 창업자 및 창업자가 매번 다른 양식의 사업계획서를 다시 작성해야 하는 불편을 해소하고자 '창업 사업화 표준사업계획서 양식'을 공개했다. 표준 사업계획서 양식은 예비 창업자 및 창업 3년 차 미만 창업자를 위한 '예비창업패키지 사업계획서'와 창업 3년 이상 7년 차까지의 창업자를 위한 '도약기 사업 사업계획서' 등 크게 2가지 형식으로 나뉜다.

참고로 이 표준양식이 적용되는 정부지원사업은 팁스TIPS, 창업선도대학, 창업도약패키지, 사내벤처 분사창업, 선도벤처 연계창업, 창업성공패키지, 스마트벤처캠퍼스, 세대융합창업캠퍼스, 재도전 성공패키지 등으로 사업별 특성에 따라 사업계획서 양식의 일부 항목(일반현황, 별첨자료 등)이 상이할 수 있으므로, 반드시 사업별 모집공고문의 사업계획서 양식에 따라 작성하여 신청해야 한다.

05

사업계획서 작성하기

사업계획서는 사용 목적에 따라 다양한 형태로 존재하고 있으나 기본적으로 내용 구성에 필요한 항목들은 유사하다. 이에 정부 창업 사업화 지원사업 신청 시 사용되는 '예비창업패키지 사업계획서' 양식을 가지고 계획서 작성하는 방법에 대해 살펴보고자 한다. (별첨1 양식 참조)

2018년 발표한 정부 지원사업 사업계획서는 새로운 지식 획득을 위한 출발점으로서 문제를 사용한다는 '문제중심학습Problem Based Learning' 방법론을 기반으로, 피에스에스티PSST[1] 방식으로 구성되어 있다. 피에스에스티 방식이란 창업기업들이 성장할 수 있는 아이

1 | PSST : Problem - Solution - Scale Up - Team

템을 개발/개선할 수 있는 방법으로 창업자 및 팀원들이 지원하는 아이템 개발/개선을 위해서 무엇이 필요한지를 인지하고, 해결방안을 제시한다. 또한 본 아이템이 개발된 후 성장가능성에 대하여 목표를 설정하며, 이를 실행할 수 있는 팀원이나 파트너들의 보유 역량과 필요 역량에 대하여 계획을 세우는 방식을 말한다.(사업계획서 작성 가이드 참조)

사업계획서는 일반현황, 창업 아이템 개요(요약), 본문 등 총 3개 파트로 구성되어 있으며, 일반현황은 창업 아이템명, 창업자 및 팀원 기본정보 등을 작성하고, 창업 아이템 개요(요약)는 창업 아이템에 대한 설명, 차별성, 목표시장 등을 요약정리하면 된다. 본문은 피에스에스티$_{PSST}$ 방식을 바탕으로 문제인식$_{Problem}$, 실현 가능성$_{Solution}$, 성장전략$_{Scale\ Up}$, 팀 구성$_{Team}$ 순으로 작성한다. 이를 각 항목별로 자세히 살펴보면 다음과 같다.

1. 일반현황

: 창업 아이템에 대한 기본적인 정보를 기재하는 파트로, '창업 아이템명', '신청자 성명', '팀 구성' 등으로 구성되어 있다.

: 가장 중요한 '창업 아이템명'은 창업 아이템에 대한 콘셉트를 이해하기 쉽게 구체적으로 기술하여야 한다. 적용된 핵심기술과 이를 통해 구현하는 차별화 성능, 이로 인해 고객에게 전달하고자 하는 가치를 한 문장으로 표현하는 것이 좋다.(예를 들어 "OOO 기술을 적용한 YYY 성능 기반의 ZZZ 제품 또는 서비스"라는 식으

로 창업 아이템명만 보더라도 개략적인 콘셉트를 이해할 수 있을 정도로 키워드들을 함축하여 작성하면 좋다.)

: 이외에 신청자(창업자) 및 팀 구성원들의 기본정보도 기재한다.

신청주관기관 (택1)	■ 경기 창조경제혁신센터		□ 대학(대학명)		
창업 아이템명	NFC기술 기반 전용 스마트 밴드를 활용한 헬스클럽 회원관리 서비스				
기술분야	정보·통신				
신청자 성명	홍길동	생년월일	19**년*월*일	성별	남
직업	회사원	사업장설립 예정지	경기도 ○○시		
팀 구성(신청자 제외)					
순번	직급	성명	담당업무	주요경력	비고
1	CTO	○○○	개발 총괄	○○전자 S/W 플랫폼 개발	

표 7. 일반현황 작성사례

2. 창업 아이템 개요 (요약)

: 창업 아이템에 대하여 간략하게 요점 중심으로 정리하는 파트로, '창업 아이템 소개', '차별성', '목표시장', '이미지' 등 4개 항목으로 구성되어 있다.

: '창업 아이템 소개'에서는 사업하려는 제품이나 서비스에서 제공되는 핵심기능을 기술하고, 이를 사용할 목표 고객층과 사용 시나리오에 대해 작성한다.

: '창업 아이템의 차별성'은 시장에서 경쟁이 예상되는 경쟁사

및 경쟁제품 또는 서비스를 기재한다. 또한 비교분석을 통해 창업 아이템이 가지고 있는 차별화 기술이나 성능에 대해 작성하고, 이를 통해 고객에게 어떤 가치를 제공할 수 있는지를 나타낸다. 이때 창업 아이템에 대한 이해를 돕기 위해 아이템 특징을 나타낼 수 있는 사진이나 개념도를 추가하는 것이 좋다.

: '국내외 목표시장'은 창업 아이템이 목표로 하는 시장에 대한 국내외 시장규모와, 향후 시장 성장성을 작성한다. 이때 예상되는 시장규모에 대한 객관적 근거 자료나 출처를 제시하면 보다 신뢰도를 높일 수 있다.

: 아래 표는 '사업계획서 작성 가이드'에서 제시한 작성사례이다.

창업제품 (서비스) 소개	• 본 제품은 하지 운동값을 획득하기 위한 **측정기능**, **전송기능**, **모니터링기능** 등을 수행하는 힘센서 모듈, 실시간모니터링 앱 • 사용처는 **착용형 로봇**을 개발하고 있는 현대자동차/현대로템 그룹이 거점고객이고, 생산기술연구원, 국방과학기술연구소 등 힘센서를 활용한 **헬스케어용 로봇**에 사용
창업제품 (서비스) 차별성	• 힘센서모듈의 대표적인 기업으로는 시장점유율 1위인 **로봇틱스사**임 • 로봇틱스와는 달리 **생산공정의 단순화**(8가지공정에서 4가지 공정)로 인해 **가공의 편의성**도 제공 • 가볍고 **저렴한 소재인 플라스틱**을 사용함에 따라 힘센서모듈이 필요한 **다양한 제품에 적용**이 가능 • 증폭기없이 무선통신이 가능함에 따라 소형화, 저가가 실현
국내외 목표시장	• 착용형 로복시장의 전체시장 추정규모는 ###백만달러 • 국내판매 가능시장규모는 ###백만원 • 1차 초도진입고객은 현대로템그룹의 연구소에 Test를 위해(201#, 12) 힘센서모듈 60개 납품완료($$$$)

표 8. 창업 아이템 개요 작성사례 (출처: 사업계획서 작성 가이드)

3. 문제인식 (Problem)

: 기존 제품의 문제점이나 고객이 느끼는 불편사항들과 이에 대한 해결방안을 정리하는 파트이다. '창업 아이템의 개발동기', '창업 아이템의 목적(필요성)' 등 2개 항목으로 구성되어 있다.

: '창업 아이템의 개발동기'는 고객들이 느끼고 있는 불편한 점이나, 기존 기술이나 제품, 서비스에서 나타나는 문제점을 제시하고, 창업 아이템을 통해 제시한 불편한 점이나 문제점들을 어떤 방안으로 해결할 것인지를 정리한다. 말 그대로 왜 이 창업 아이템을 개발하게 되었는지에 대한 논리적 근거를 설명하는 것이다.

: '창업 아이템의 목적(필요성)'은 앞에서 제시한 고객 불편사항이나 기존 시장과 제품의 문제점에 대하여 이를 어떻게 해결할 것인지에 대한 방안을 정리한다. 이 창업 아이템이 시장에서 고객들에게 왜 필요한지 설득력 있게 정리할 필요가 있다.

: 예를 들어 필자가 4장에서 사례로 늘은 '선용 스마트 밴드를 활용한 헬스클럽 회원관리 서비스'의 경우, 타깃 고객인 50대 이상 액티브 시니어(Active Senior) 세대가 근력운동을 효과적으로 꾸준히 하기 어려운 점을 해결하기 위해 개인별 근력운동 내역을 관리하고 신체 나이, 체지방률 등 건강관련 지표로 수치화 함으로써 자신의 건강상태를 지속적으로 확인할 수 있도록 했다. 또한 건강 관련 지표를 단계적으로 향상해 나갈 수 있도록 운동을 꾸준히 해야 하는 동기를 부여하기 위한 것이 개발 동기였다. 이를 통해 서비스를 이용하는 고객들이 실제 나이보다 젊은 신체 나이와 슬림하고 튼튼

한 몸매를 만들어 젊고 건강하게 오래 살 수 있도록 하는 것이 이 서비스의 목적이다.

4. 실현 가능성 (Solution)

: 앞서 문제인식Problem파트에서 제시한 문제점 해결방안에 대해 구체적으로 어떻게 실현할 것인지 정리하는 파트로, '창업 아이템의 개발·사업화 전략', '창업 아이템의 시장분석 및 경쟁력 확보 방안' 등 2개 항목으로 구성되어 있다.

: '창업 아이템의 개발·사업화 전략'은 개발전략과 사업화 전략으로 구분해 볼 수 있다. 개발전략의 경우 창업 아이템을 사업화하기 위해 개발해야 하는 핵심 기능과 목표 성능 등을 상세히 작성하고, 이를 구현하기 위해 현재까지 개발 진행된 상태와 앞으로 개발 진행할 내용들을 구체적으로 정리하여야 한다. 이때 개발하는 주체에 대한 설명도 명확히 이루어져야 한다. 다시 말해 여러 핵심 기능이나 목표 성능 중 어느 부분을 자체 개발하고 어느 부분을 외부와의 협력을 통해 개발할 것인지에 대한 내용과 이를 위해 필요한 인력과 역량(외부 협력사 포함)을 어떻게 확보할 것인지에 대한 계획을 명확히 기재하여야 한다.

사업화 전략은 개발전략과 연계하여 비즈니스 모델, 제품 생산 거점 확보 및 생산계획, 마케팅 및 판매계획, 설비투자 등 추가 자원확보 계획, 외부 협력사와의 전략적 관계 구축계획, 투자유치 계획 등 사업을 추진하기 위해 필요한 계획 중 창업 아이템에 적합한 사업화 전략들을 작성하면 된다. 마지막으로 이렇게 정리된 개발, 사업화 전략 중에서 핵심이 되는 추진계획에 대해서는 아래 표 형식에 따라 추진 일정과 세부내용을 항목별로 정리하면 된다.

추진내용	추진기간	세부내용
제품보완, 신제품 출시	2019.0.0. ~ 2019.0.0.	OO 기능 보완, 신제품 출시
홈페이지 제작	2019.0.0. ~ 2019.0.0.	홍보용 홈페이지 제작
글로벌 진출	2019.0.0. ~ 2019.0.0.	베트남 OO업체 계약체결
투자유치 등	2019.0.0. ~ 2019.0.0.	VC, AC 등

표 9. 사업 추진일정 작성사례 (출처: 사업계획서 작성 가이드)

: '창업 아이템의 시장분석 및 경쟁력 확보 방안'에서는 먼저 창업 아이템이 목표로 하는 시장에 대한 주요 동향, 규모, 향후 성장성 등에 대해 최대한 객관적 통계 및 분석자료를 활용하여 작성한다. '창업 아이템 개요'에서 기술한 '국내외 목표시장' 내용과 연계하여 더욱 구체적인 통계 데이터를 보여주고 자료의 출처를 포함하여 추정 근거를 제시함으로써 내용에 대한 일관성을 유지할 수 있다.

: 경쟁력 확보 방안 또한 '창업 아이템 개요'에서 설명한 '창업 아이템의 차별성'과 연계하여 경쟁제품과 비교 분석한 결과와 기능이나 성능적으로 경쟁제품 대비 어떤 차별성을 갖는지를 구체적으로 작성하여야 한다. 주관적인 판단보다는 제3자나 기관을 통한 객관적 분석 결과가 효과적이고, 표나 그림을 활용하여 누구나 쉽

게 이해할 수 있게 설명하는 것이 좋다. 또한 이러한 차별성을 위해 어떤 핵심기술을 가지고 있는지, 아니면 어떻게 핵심기술을 확보할 것인지에 대한 부분도 설명이 필요하다. 마지막으로 이러한 차별성을 통해 고객들에게 어떤 새로운 가치를 제공해 줄 수 있는지도 작성하여야 한다.

5. 성장전략 (Scale-Up)

: 개발을 포함하여 창업 아이템을 수행하는데 필요한 제반 소요비용 내역을 작성하고, 사업계획상 목표로 하는 매출액을 추정하며, 이를 위한 시장진출 및 성장 전략, 이에 필요한 추가 자금 유치 전략을 정리하는 파트이다. '자금소요 및 조달계획', '시장진입 및 성과창출 전략' 등 2개 항목으로 구성되어 있다.

: '자금소요 및 조달계획' 중 자금소요는 1차년도 전체 사업비에 대한 집행계획을 자금의 필요성, 비용의 적정성 여부를 판단할 수 있도록 항목별로 산출근거를 포함하여 표 10에 있는 양식에 맞춰 작성하면 된다. 조달계획의 경우 1차년도 전체 사업비중 예비창업패키지에서 지원받고자 하는 금액과 창업자 본인이 부담할 금액을 구분하여 정리하고, 이후 출연자금, 융자자금, 투자자금 등 사업에 필요한 추가자금을 조달하기 위한 계획을 정리한다. 이때 창업자가 부담하는 자금은 현금과 현물로 나눌 수 있으며, 현물의 경우 창업자 본인의 인건비나 창업기업이 보유하고 있는 재료비, 기자재 사용료 등을 포함할 수 있다.(상세 현물 인정기준은 관련 기

관에 확인하면 된다.)

비목	산출근거	금액(원)
재료비	DMD소켓 구입(00개×0000원)	0,000,000
	전원IC류 구입(00개×000원)	0,000,000
시제품제작비	시금형제작 외주용역(OOO제품 .... 플라스틱금형제작)	
지급수수료	국내 OOO전시회 참가비(부스임차, 집기류 임차 등 포함	
합계		

※ 요청한 사업화자금은 사업아이템에 따른 금액의 적정성 여부에 대한 평가를 통해 감액 조정될 수 있음(평균 45백만 원 지원)

표 10. 사업화 자금집행계획 작성사례 (출처: 사업계획서 작성 가이드)

: '시장진입 및 성과창출 전략'은 '내수시장 확보 방안'과 '해외시장 진출방안'으로 나눈다. 내수시장 확보 방안은 내수시장 중심으로 주 고객층, 목표로 하는 주 타깃 시장, 주 고객층에게 진입할 마케팅 계획, 진출 시기 및 판매전략을 기재하며, 이를 통해 예상되는 내수시상 판매 매출을 타깃 시장 또는 유통채널 별로 구체석으로 정리한다. 해외시장 진출 방안 또한 내수시장 확보 방안과 유사한 형태로 단계별 해외시장 진출 계획을 작성하면 된다. 특히 해외의 경우 해당 국가 진출에 필요한 인증, 특허, 현지 기업과의 협약 체결 등 보다 명확한 국가별 진출 전략이 필요하다.

6. 팀 구성 (Team)

: 창업 아이템 수행에 필요한 인적 자원과 그들이 보유한 역량을 나타내고, 추가로 필요한 인력에 대한 확보 계획과 업무 파트너와

의 협력관계 등을 정리하는 파트이다.

: '대표자 현황 및 역량'은 창업 사업을 대표(통상 창업자)하는 대표자에 대한 이력과 보유하고 있는 역량을 설명하는 항목이다. 특히 창업 사업과 관련된 경력이나 사업화 경험, 열정, 리더십 등 사업을 추진할 대표로써 갖추어야 할 역량들을 보다 부각시킬 필요가 있다.

: '팀원 현황 및 역량'의 경우 함께 사업을 수행할 팀원들 현황과 팀원 각자에 대한 담당업무, 주요 이력 및 핵심역량 등을 작성하면 되며, 추가로 고용할 계획이 있는 인력에 대해서는 별도로 정리한다. 마지막으로 사업에 필요한 기술이나 자원 일부를 외부 협력을 통해 확보하는 경우에는 협력사의 주요 역량과 협력 사항을 추가 기재한다.

순번	직급	성명	주요 담당업무	경력 및 학력 등	채용시기
1	과장	○○○	S/W 개발	컴퓨터공학 박사	'19. 9
2	대리		해외 영업(베트남, 인도)	○○기업 해외영업 경력 8년	
3	…		R&D	○○연구원 경력 10년	

표 11. 팀원 현황 및 역량 작성사례 (출처: 사업계획서 작성 가이드)

순번	주요 담당업무	요구되는 경력 및 학력 등	채용시기
1	S/W 개발	IT분야 전공 학사 이상	'19. 11
2	해외 영업(베트남, 인도네시아)	글로벌 업무를 위해 영어회화가 능통한 자	
3	R&D	기계분야 전공 석사 이상	

표 12. 추가 인력 고용계획 작성사례 (출처: 사업계획서 작성 가이드)

순번	파트너명	주요역량	주요 협력사항	비고
1	○○전자		테스트 장비 지원	~'19.12
2	…			협력 예정

표 13. 업무파트너 (협력기업 등) 현황 및 역량 작성사례 (출처: 사업계획서 작성 가이드)

EPILOGUE

에필로그

언젠가 동료들과 점심식사를 마치고 계산을 하려는데 카운터 뒤에 붙어 있는 벽보에 "손님이 짜다면 짜다."라는 문구가 적혀있는 것을 보고 깜짝 놀란 적이 있었다. 이 식당을 운영하고 계신 사장님께서 고객을 대하는 마음이 어떠한지를 한눈에 알 수 있었기 때문이다. 이 책에서도 상당 부분 고객에 대한 이야기를 하였듯이 어떤 사업을 하더라도 결국 나의 고객을 만족시킬 수 있는지 여부가 사업의 성패를 가름하는 가장 중요한 요소라는 것은 누구도 부인할 수 없을 것이다.

나의 경우 새로운 사업 기회를 찾을 때, 또는 컨설팅이나 멘토링할 때 항상 짚어보는 세 가지 질문이 있다.

1. 나의 고객은 누구인가?
2. 그들은 무엇을 원하는가?
3. 나는 그들을 위해 무엇을 해줄 수 있는가?

설사 질문에 대한 답을 쉽게 찾았다 하더라도 '왜Why'라는 질문을 5번 더 한다. 이는 더욱더 구체적이고 명확한 답을 찾기 위함이다.

세 가지 질문에 대한 정답은 없다. 또한 답을 찾는 과정 또한 쉽지만은 않다. 하지만 작든 크든 우리 주변을 둘러싼 환경에 대한 변화의 흐름을 잘 파악하고, 이를 바탕으로 새로운 고객가치를 발굴하며 이를 사업화한다면 그 어느 사업보다 성공할 확률을 높일 수 있을 것이다. 이 글을 읽는 모든 독자들이 어느 누구보다 먼저 변화의 흐름을 파악하는 변화 인지자 Trend-Spotter가 되어 이를 성공적인 사업으로 발전시키는 기업가 Entrepreneur가 되길 바라는 마음이다.

별첨 1. 창업사업화 표준사업계획서 양식 (예비창업패키지)

예비창업패키지 사업계획서

※ 본문 5페이지 내외(일반현황, 창업 아이템 개요 제외)로 작성(증빙서류 등은 제한 없음), '파란색 안내 문구'는 삭제하고 검정색 글씨로 작성하여 제출, 양식의 목차, 표는 변경 또는 삭제 불가(행추가는 가능, 해당사항이 없는 경우 공란으로 유지)하며, 필요시 사진(이미지) 또는 표 추가 가능

□ 일반현황(※온라인 신청서와 동일하게 작성)

신청 주관기관 (택 1)	□ 창조경제혁신센터(*센터명*)		□ 대학(*대학명*)		
창업 아이템명					
기술분야	*정보·통신, 기계·소재 (* 온라인 신청서와 동일하게 작성)*				
신청자 성명		생년월일	*1900.00.00*	성별	*남 / 여*
직업	*교수 / 연구원 / 일반인 / 대학생…*	사업장 설립 예정지	*○○도 ○○시*		
팀 구성(신청자 제외)					
순번	직급	성명	담당업무	주요경력	비고
1	*대리*	*○○○*	*해외 영업*	*미국 ○○대 경영학 전공*	*채용예정 ('19.9)*
2					
…					

□ 창업 아이템 개요(요약)

창업 아이템 소개	※ 핵심기능, 소비자층, 사용처 등 주요 내용을 중심으로 간략히 기재	
창업 아이템의 차별성	※ 창업 아이템의 현재 개발단계를 포함하여 기재 예) 아이디어, 시제품 제작 중, 프로토타입 개발 완료 등	
국내외 목표시장	※ 국내 외 목표시장, 판매 전략 등을 간략히 기재	
이미지	※ 아이템의 특징을 나타낼 수 있는 참고사진(이미지) 또는 설계도 삽입	※ 아이템의 특징을 나타낼 수 있는 참고사진(이미지) 또는 설계도 삽입
	< 사진(이미지) 또는 설계도 제목 >	< 사진(이미지) 또는 설계도 제목 >

1. 문제인식(Problem)

1-1. 창업 아이템의 개발동기

※ 국내·외 시장(사회·경제·기술)의 문제점을 혁신적으로 해결하기 위한 방안 등을 기재

○

-

-

○

-

-

1-2 창업 아이템의 목적(필요성)

※ 창업 아이템의 구현하고자 하는 목적, 국내·외 시장(사회·경제·기술)의 문제점을 혁신적으로 해결하기 위한 방안 등을 기재

○

-

-

○

별첨1

2. 실현가능성(Solution)

2-1. 창업 아이템의 개발·사업화 전략

※ 비즈니스 모델(BM), 제품(서비스) 구현정도, 제작 소요기간 및 제작방법(자체,외주), 추진일정 등을 기재

○

-

○

〈 사업 추진일정 〉

추진내용	추진기간	세부내용
제품보완, 신제품 출시	2019.0.0. ~ 2019.0.0.	OO 기능 보완, 신제품 출시
홈페이지 제작	2019.0.0. ~ 2019.0.0.	홍보용 홈페이지 제작
글로벌 진출	2019.0.0. ~ 2019.0.0.	베트남 OO업체 계약체결
투자유치 등	2019.0.0. ~ 2019.0.0.	VC, AC 등
…		

2-2. 창업 아이템의 시장분석 및 경쟁력 확보 방안

※ 기능·효용·성분·디자인·스타일 등의 측면에서 현재 시장에서의 대체재(경쟁사) 대비 우위요소, 차별화 전략 등을 기재

○

-

○

-

3. 성장전략(Scale-up)

3-1. 자금소요 및 조달계획

※ 자금의 필요성, 금액의 적정성 여부를 판단할 수 있도록 사업비 사용계획 등을 기재
※ 2019년 예비창업패키지 일반분야 2차 청년 예비 창업자 모집공고(2019.6.3) 사업화 자금 집행 항목(4페이지)을 참고하여 작성(사업비 세부 집행기준은 최종통과자를 대상으로 별도 안내)

○

-

-

○

-

< 사업화자금 집행계획 >

비 목	산출근거	금액(원)
재료비	• DMD소켓 구입(00개×0000원)	3,448,000
	• 전원IC류 구입(00개×000원)	7,652,000
시제품제작비	• 시금형제작 외주용역(OOO제품 .... 플라스틱금형제작)	
지급수수료	• 국내 OOO전시회 참가비(부스임차, 집기류 임차 등 포함)	
...		
...		
...		
...		
합 계		

※ 요청한 사업화자금은 사업아이템에 따른 금액의 적정성 여부에 대한 평가를 통해 감액 조정될 수 있음(평균 45백만원 지원)

3-2. 시장진입 및 성과창출 전략

3-2-1. 내수시장 확보 방안

※ 내수시장을 중심으로 주 소비자층, 주 타겟시장, 진출시기, 시장진출 및 판매 전략, 그간 성과 등을 구체적으로 기재

◯

-

3-2-2. 해외시장 진출 방안

※ 해외시장을 중심으로 주 소비자층, 주 타겟시장, 진출시기, 시장진출 및 판매 전략, 그간 성과 등을 구체적으로 기재

◯

-

4. 팀 구성(Team)

4-1. 대표자 및 팀원의 보유역량

○ 대표자 현황 및 역량

※ 창업 아이템과 관련하여 대표자가 보유하고 있는 이력, 역량 등을 기재

-

○ 팀원현황 및 역량

※ 사업 추진에 따른 팀원현황 및 역량을 기재

순번	직급	성명	주요 담당업무	경력 및 학력 등	채용시기
1	과장	○○○	S/W 개발	컴퓨터공학 박사	'19. 9
2	대리		해외 영업(베트남, 인도)	○○기업 해외영업 경력 8년	
3	…		R&D	○○연구원 경력 10년	

○ 추가 인력 고용계획

순번	주요 담당업무	요구되는 경력 및 학력 등	채용시기
1	S/W 개발	IT분야 전공 학사 이상	'19. 11
2	해외 영업(베트남, 인도네시아)	글로벌 업무를 위해 영어회화가 능통한 자	
3	R&D	기계분야 전공 석사 이상	

○ 업무파트너(협력기업 등) 현황 및 역량

※ 창업 아이템 개발에 필요한 협력사의 주요역량 및 협력사항 등을 기재

순번	파트너명	주요역량	주요 협력사항	비고
1	○○전자		테스트 장비 지원	~'19. 12
2	…			협력 예정

별첨1

별 첨 증빙서류 제출목록 안내

※ '기타 참고자료'와 '가점관련 증빙서류'는 신청시 제출하여야 하며, '공통서류'와 '창업사실 확인서류'는 서류평가 통과자에 한하여 주관기관 안내에 따라 제출

구 분	목 록	비고
기타 참고자료	본인의 아이템을 설명하기 위해 필요한 도면, 설계도 등	신청시 제출
가점관련 증빙서류	• 2인 이상(대표자 포함)의 기술기반 예비창업팀(2점) - 가점 증빙서류 (1) 양식의 '예비창업패키지 팀창업 신청서'를 작성하여 제출 • 신청한 창업 아이템과 관련된 특허권·실용신안권 보유자(1점) - 특허등록원부, 실용신안등록원부 * 공고일(2019.6.3.) 이후 발급분에 한함 • 최근 2년('17~현재) 정부 주관 전국규모 창업경진대회 수상자(1점) - '2019년 예비창업패키지 일반분야 2차 예비 창업자 모집공고(2019.6.3.)' [참고1] 정부주관 창업경진대회 목록(14p)에 해당하는 입상실적 증명원 또는 상장사본	신청시 제출
공통서류	• 대표자 신분증 사본(주민등록증·운전면허증·여권 중 1개) * 학생증 불가	서류평가 통과시 제출
창업사실 확인서류	• 사실증명(사업자등록사실여부) - 공고일 이후 발급서류 - 주소지 관할세무서 민원실에 방문하여, '사업증명(사업자등록사실여부, 5년 이전증명 포함)'을 발급	서류평가 통과시 제출

* 본 사업계획서 작성 내용과 증빙자료 상의 상이한 부분이 발견되거나 누락 또는 허위 기재 등의 사실이 확인될 경우 선정 취소, 중기부 창업지원사업 참여제한 및 사업화자금 환수 등의 불이익이 발생할 수 있음

기타 참고자료(해당자에 한함)

창업 아이템 도면, 설계도 등 참고자료 삽입

(페이지 추가 가능)

별첨1

가점 증빙서류 (1)

* 2인 이상(대표자 포함)의 기술기반 예비창업팀(2점)
- 팀창업으로 가점을 부여받고자 하는 경우에만 작성

예비창업패키지 팀창업 신청서

창업 아이템명			
신청자 성명 (대표자)	홍길동	생년월일	1900.00.00

본인은 '2019년 예비창업패키지 청년 예비 창업자 모집공고' 신청시 가점(2점)을 부여받기 위해 아래와 같이 팀원을 구성하였습니다.

〈 팀원 구성현황 〉

순번	성명	생년월일 (6자리)	주요 담당업무	경력 및 학력 등	채용 시기
1	○○○	○○○○○○	S/W 개발	○○연구원 경력 10년○○	'19. 9
2			해외 영업(베트남, 인도)	기업 해외영업 경력 8년	
3					

 사업에 선정된 경우, 협약체결 후 3개월 이내에 특별한 사유 없이 상기의 팀원을 직원으로 채용(4대보험 가입을 원칙으로 함)하지 않는 경우 선정 취소 및 지급된 사업화자금전액이 환수 조치되는 것에 동의하며, 이의를 제기하지 않겠습니다.

2019. . .

성명 :   (인)

주관기관장 귀하

가점 증빙서류 (2)

* 신청한 창업 아이템과 관련된 특허권·실용신안권 보유자
- 특허등록원부, 실용신안등록원부

가점관련 증빙서류
이미지 삽입

가점 증빙서류 (3)

* 최근 2년('17~현재) 정부 주관 전국규모 창업경진대회 수상자
- 2019년 예비창업패키지 일반분야 2차 예비 창업자 모집공고(2019.6.3.)
  [참고1] 정부주관 창업경진대회 목록(14p)에 해당하는 입상실적 증명원 또는 상장사본
  (예시) 공공데이터활용 창업경진대회(중기부,행안부,국토부 주관) 입상실적 증명원 또는 상장사본

가점관련 증빙서류
이미지 삽입

별첨 2. 창업에 도움이 되는 사이트

전체

1. kosis.kr
통계청 국가통계포털(KOSIS, Korean Statistical Information Service)

국내·국제·북한의 주요 통계를 한 곳에 모아 이용자가 원하는 통계를 한 번에 찾을 수 있도록 통계청이 제공하는 One-Stop 통계 서비스. 현재 300여 개 기관이 작성하는 경제·사회·환경에 관한 1,000여 종의 국가승인통계를 수록하고 있으며, 국제금융·경제에 관한 IMF, Worldbank, OECD 등의 최신 통계도 제공하고 있다. 쉽고 편리한 검색기능, 일반인들도 쉽게 이해할 수 있는 다양한 콘텐츠 및 통계설명자료 서비스를 통해 이용자가 원하는 통계자료를 쉽고 빠르고 정확하게 찾아볼 수 있다.

2. data.go.kr
공공데이터포털

공공기관이 생성 또는 취득하여 관리하고 있는 공공데이터를 한 곳에서 제공하는 통합 창구. 포털에서는 국민이 쉽고 편리하게 공공데이터를 이용할 수 있도록 파일데이터, 오픈API, 시각화 등 다양한 방식으로 제공하고 있으며, 누구라도 쉽고 편리한 검색을 통해 원하는 공공데이터를 빠르고 정확하게 찾을 수 있다.

3. sgis.kostat.go.kr
통계지리정보서비스

SGIS(Statistical Geographic Information Service)를 기반으로 개방, 공유, 소통, 참여가 가능한 개방형 플랫폼. 사용자에게 통계정보와 지리정보를 융·복합하여 새로운 서비스를 만들 수 있는 기반을 지원한다. 또한, 포털 서비스를 통해 사용자가 직접 플랫폼에서 제공하는 다양한 인터랙티브맵, 통계주제도 등의 다양한 서비스를 이용할 수 있다.

4. index.go.kr
e-나라지표

국가정책 수립, 점검 및 성과측정 등을 목적으로 중앙행정기관이 선정하고 관리하는 주요 지표인 나라지표를 제공하는 웹기반의 통계정보시스템

경제

5. news.kotra.or.kr
대한무역투자진흥공사(KOTRA) 해외시장뉴스

전 세계 경제/통상/투자 뉴스, 국가별 유망 상품·산업 정보와 트렌드, 국가·지역별 비즈니스 정보, 인증정보나 바이어 찾기 등 해외 비즈니스에 필요한 정보, KOTRA가 분석하는 주요 현안 및 수출 동향 보고서 등 해외시장에 관한 정보를 제공한다.

6. istans.or.kr
산업통계분석시스템 (ISTANS)

국내외 산업통계정보를 통합하여, 조회 검색할 수 있는 서비스 제공

7. mss.go.kr
중소벤처기업부 중소기업통계

관련기관에서 작성한 경영지표, 기술/인력/임금 실태 등 중소기업관련 조사·통계 정보를 제공

8. stat.kita.net
한국무역협회 무역통계 (K-stat)

국내 및 주요 국가의 해외무역통계, 세계무역/경제통계를 다양한 형태로 분류·수록하여 제공하는 무역 통계전문 사이트

9. ecos.bok.or.kr
한국은행 경제통계시스템 (ECOS)

통화 및 금리, 국민소득, 국제수지, 자금순환, 경기, 기업경영분석, 산업연관분석 등 경제 각 분야에 걸친 주요 국가기본경제 통계자료를 제공

10. stats.nts.go.kr
국세청에서 제공하는 국세관련 통계 정보

11. dart.fss.or.kr
금융감독원 전자공시시스템 (DART)

상장기업은 일정기간 사업내용, 재무상황 및 경영실적 등 기업 전반에 관한 사항을 정기공시 하고, 이용자는 이를 조회할 수 있는 종합적 기업공시 시스템

경제연구기관

12. eiec.kdi.re.kr
한국개발연구원 (KDI) 경제정보센터

경제관련 정부부처 및 산하기관, 국내외 70여 경제관련 기관에서 발행하는 국내외 경제정보를 확인할 수 있는 포털 서비스 제공

13. keri.org
한국경제연구원 (KERI)

국내외 경제 및 산업동향에 관한 체계적 정보 및 분석자료 제공

14. bok.or.kr/imer
한국은행 경제연구원

15. hri.co.kr
: 현대경제연구원

16. rd.kdb.co.kr
: KDB미래전략연구소

17. research.ibk.co.kr
: IBK기업은행 경제연구소

18. digieco.co.kr
: KT경제경영연구소

19. lgeri.com
: LG경제연구원

> 창업 관련

20. k-startup.go.kr
각 정부부처에서 시행하는 각종 창업지원사업에 대한 통합공고, 창업교육, 멘토링및 컨설팅, 판로 및 해외진출, 네트워킹 등 창업진흥원에서 운영하는 창업관련 포털 사이트

21. bizinfo.go.kr
중소기업 성공길잡이 기업마당

중소기업 지원사업정보를 한 곳에 모아 서비스를 제공할 뿐만 아니라, 중소기업의 길잡이로써 기업에 유용한 교육·세미나·전시회, 중소기업 정책뉴스, 입주기업 모집공고 등 중소기업인을 위한 다양한 컨텐츠를 제공하고 있다.

22. kosmes.or.kr
중소벤처기업 진흥공단

중소벤처기업의 성장을 위한 각종 지원사업 서비스 제공

23. itech.keit.re.kr
한국산업기술평가관리원 산업기술 R&D 정보 포털

24. ntis.go.kr
국가연구개발 사업에 대한 정보를 한 곳에서 서비스하는 국가과학기술 지식정보 포털

25. kipris.or.kr
특허정보넷 키프리스 (KIPRIS)

특허청이 보유한 국내외 지식재산권 관련 정보를 검색 및 열람할 수 있는 특허정보검색 서비스

26. law.go.kr
우리나라 모든 법령 및 자치법규를 제공하는 국가법령정보센터

> 트렌드

27. trendwatching.com
글로벌 또는 지역별 주요 트렌드 정보

28. ttimes.co.kr
기업 성공 및 실패사례분석, 최신 기술, 시장 동향 등을 케이스별로 쉽게 설명

29. trends.google.com
전세계 구글 사용자들의 검색어 동향 분석

30. datalab.naver.com
검색어, 쇼핑, 신용카드 사용, 댓글 등과 관련된 네이버 정보 서비스

31. brunch.co.kr
다양한 분야의 다양한 글 모임

별첨 3. 참고문헌

[프롤로그]

1. T Times '몸 부서져라 뛴 박지성, 저돌적인 손흥민, 당돌한 이강인'

[1장]

2. 아놀드 토인비Arnold Joseph Toynbee '역사의 연구 (Study of History)'
3. 앨빈 토플러Alvin Toffler '제3의 물결 (The Third Wave)'
4. 다니엘 벨Daniel Bell '탈 산업사회의 도래 (The Coming of Post-Industrial Society)'
5. 위키피디아Wikipedia
6. 과학동아 1990년 3호
7. 경향신문 2016.4.19일 기사 '세상의 모든 책 "구글" 속으로 들어갈까'
8. IDC & Seagate 'Data Age 2025'
9. 연합뉴스 2017.5.27 '커제의 눈물'
10. 찰스 다윈Charles Darwin '종의 기원 (On the Origin of Species)'
11. 세계경제포럼 '세계 10대 기업 (These are the world's 10 biggest corporate giants)' 보고서
12. 사티아 나델라Satya Narayana Nadella '히트 리프레시 (Hit Refresh)'
13. 잭 웰치Jack Welch '끝없는 도전과 용기 (Jack : Straight from the Gut)'
14. 삼성경제연구소 '아마존의 마라톤 스피드'
15. 에릭 슈미트Eric Schmidt '구글은 어떻게 일하는가 (How Google Works)'
16. 애덤 라신스키Adam Lashinsky '인사이드 애플 (Inside Apple)'

[2장]

17. 필립 코틀러Philip Kotler, 케빈 래인 켈러Kevin Lane Keller '마케팅 매니지먼트 (Marketing Management)'
18. 이코노믹리뷰 '밀레니얼 가라사대'
19. 나스미디어Nasmedia '2018 NPR 타깃리포트 - XYZ 세대 디지털 미디어 이용형태' 보고서
20. 통계청 '장래인구추계 (2015-2065년)', '장래인구특별추계 (2017-2067년)', '장래가구추계 (2015-2045년)' 보고서
21. 한국개발연구원KDI '고령화 사회, 경제성장과 대응방향' 보고서
22. 조지프 F 코클린Joseph F. Coughlin '노인을 위한 시장은 없다'
23. 마크 프렌스키Marc Prensky '디지털 네이티브, 디지털 이미그란트 (Digital Native, Digital Immigrants)' 논문
24. 서울대 소비트렌드 분석센터 '트렌드 코리아 2017', '트렌드 코리아 2018', '트렌드 코리아 2019'
25. 통계청 '2018년 양곡 소비량 조사결과'
26. 필립 코틀러Philip Kotler '마켓 4.0'

[3장]

27. 세스 스티븐스 다비도위츠Seth Stephens-Davidowitz '모두 거짓말을 한다. (Everybody Lies.)'
28. 찰스 두히그Charles Duhigg '습관의 힘 (The Power of Habit)'
29. 엑스텐시오 (www.xtensio.com) 'How To:

Create A User Persona' 서비스
30. 알렉스 오스터왈더Alexander Osterwalder 외 '밸류 프로포지션 디자인 (Value Proposition Design)'

[4장]

31. 마틴 와이츠먼Martin Weitzman '공유경제: 불황을 정복하다 (The Share Economy: Conquering Stagflation)' 논문
32. 담덕의 경영학노트 '공유경제란 무엇인가!' (mbanote2.tistory.com/160)
33. 김인순 외 '파괴자들 ANTI의 역습'
34. 김위찬 외 '블루오션 전략 (Blue Ocean Strategy)'
35. 알렉스 오스터왈더Alexander Osterwalder 외 '비즈니스 모델의 탄생 (Business Model Generation)'
36. 닐슨 코리안클릭Nielsen Koreanclick '국내 세대별 3 스크린 (3 Screen: TV, 컴퓨터, 모바일폰) 이용형태' 자료
37. 브랜드 파이낸스Brand Finance '2019 세계 500대 브랜드 보고서 (Global 500 2019)'
38. 국제 표준화 기구ISO '브랜드 평가기준 (ISO 20671, Brand evaluation - Principles and fundamentals)'
39. 홍성태 '배민다움'

[5장]

40. 중소벤처기업부 '중소기업 창업 지원법'(국가법령정보센터, law.go.kr)
41. 중소벤처기업부, 창업진흥원 '2017년 창업기업 실태조사'
42. 중소벤처기업부 '소상공인 보호 및 지원에 관한 법률 (약칭 소상공인법)'
43. 중소벤처기업부, '창업 절차 매뉴얼'
44. 중소벤처기업부, '창업공장설립가이드'
45. 창업진흥원, '2019년 창업지원사업 소개'
46. 중소기업기술정보진흥원 '2019년도 창업성장기술개발사업 소개'
47. 중소기업진흥공단 '2019년도 정책자금융자사업 소개'
48. 기술보증기금 '2019년 기보업무설명'
49. 중소벤처기업부 '창업사업화 지원사업 사업계획서 작성매뉴얼'
50. 중소벤처기업부 '창업사업화 표준사업계획서 양식'
51. 헨리 메이슨Henry Mason '트렌드를 알면 비즈니스가 보인다'